단군과 고조선

삼국사기로 보는

제왕운기

삼국유사

단군과 고조선

삼국사기로 보는
제왕운기
삼국유사

김호숙 · 마석한 지음

시작하는 말

    단군과 고조선은 한민족 5000년 역사의 고향이자 정신적 뿌리다. 한국인으로서의 정체성을 형성하고 문화민족으로서의 자긍심을 이어주는 탯줄과 다름없다. 그런데 단군과 고조선에 대해 알려주는 옛 사료는 많지 않을 뿐만 아니라, 그 기록 내용에 대해서도 오늘날 학자 사이에 다른 해석과 평가가 이루어지고 있다. 먼저 고조선의 영토와 관련해서 일부 학자는 고조선이 산동반도와 요동반도를 포함하는 대제국이었다고 주장한다. 반면에 다른 연구자들은 한반도 북부와 평양 일대를 다스리던 작은 나라로 보고 있다. 또한 '단군'이라는 용어에 대한 해석에서도 의견이 나뉘고 있다. 단군을 주몽이나 박혁거세처럼 한 인물의 이름으로 보는 이들도 있고, 단군은 고조선을 다스리던 임금을 가리키는 호칭이라고 주장하는 학자들도 있다.

    이렇듯 서로 다른 연구 결과가 나오는 가장 근본적인 원인은 사료의 절대 부족 때문이라고 하겠다. 고대사 대부분이 그렇듯이 고조선과 단군에 대해서도 남겨진 기록이 거의 없을 뿐만 아니라, 있는 자료조차 긴 세월 동안 내용이 더해지거나 누락되기도 하고 또 사실과 신화가 섞이기도 하였다. 이런 까닭에 분명한 역사적 실체임에도 사실적이고 명확한 연구를 위해서 자료로 활용하는 데 어려움이 있다.

'조선'에 대한 기록은 중국 문헌에서 먼저 찾아볼 수 있다. 서기전 4세기 무렵에 편찬된 것으로 알려진 『산해경山海經』과 서기전 1세기 무렵에 사마천이 쓴 『사기史記』를 우선 꼽을 수 있다. 『산해경』에는 조선이라는 나라 이름만 보일 뿐 더 이상의 언급은 없다. 『사기』에는 「조선열전朝鮮列傳」을 따로 두고 고조선에 대해 기록하고 있으나, 단군조선과 기자조선은 빠진 채 위만조선의 성립과 멸망 그리고 이어진 한사군漢四郡의 설치 사실만 적고 있을 뿐이다.

고조선에 대한 우리나라의 기록은 고려시대(918~1391)에 들어서야 비로소 나타난다. 승려 일연이 저술한 『삼국유사三國遺事』(1281)와 유학자 이승휴가 지은 『제왕운기帝王韻紀』(1287)에 고조선의 성립부터 멸망까지의 역사가 서술되어 있다. 그러나 이 두 책보다 시기적으로 앞서 편찬된 『삼국사기三國史記』(1145)에는 단군과 고조선에 대한 직접적인 기록은 없고, '조선'이라는 명칭만 보인다. 고려시대 이후 조선시대에 나온 기록은 대체로 『삼국유사』와 『제왕운기』의 내용을 그대로 소개하거나, 일부 내용에 대해 시시비비를 언급하는 정도에 그치고 있다.

일연은 단군이 '왕검'을 수도로 삼아 고조선을 건국하였다고 해서 '왕검조선'이라고도 하였으며, 조선의 통치가 단군에서 기자를 거쳐 위만으로 이어졌다고 서술하였다. 나라는 계속 유지된 채 왕가王家만 바뀌었다고 설명하면서, 단군이 세운 조선을 기자나 위만이 다스리던 시기와 구분해서 고조선古朝鮮이라 불렀다.

　일연과 마찬가지로 이승휴도 지배자의 변화에 따라 조선을 구분하였다. 단군이 지배하던 '단군조선', 기자가 다스리던 '기자조선' 그리고 위만이 시작한 '위만조선' 등으로 나누어 부르면서, 특히 '기자조선'은 '단군조선'을 계승했다는 의미에서 '후後조선'이라고도 불렀다. 전체적으로 서기전 24세기경부터 서기전 2세기까지 조선은 세 왕가王家가 이끌었던 것이다. 오늘날에는 일반적으로 이런 구분을 하지 않고 모두 고조선이라고 통칭하고 있는데, 그것은 1392년 이성계가 세운 조선과 구별하기 위한 것이다.

　이 글은 그동안 신화와 이야기 중심으로 소개되었던 단군과 고조선을 고전사료를 토대로 역사적 맥락에서 접근해 보았다. 『삼국유사』와 『제왕운기』 그리고 『삼국사기』의 기록을 통해 우리 선조들은 단군과 고조선을 어떻게 이해하고 있었는지를 살펴보았다. 이 과정에서 사료의 기록을 있는 그대로 따라가면서 한글 세대를 위해 번역을 시도하였다. 원문에 한글음과 해석을 나란히 적어 서로 비교해 볼 수 있도록 하였으며, 해석만으로 내용 파악이 어렵다고 생각되는 부분에는 보충 설명을 추가하였다. 이때 원작자의 주註는 사선글씨로 구분하였다. 또한 사료의 원문을 별도로 실어 원전의 모습을 직접 볼 수 있도록 구성하였다.

　　보다 많은 분들이 어렵지 않게 과거와 마주하면서 스스로 역사를 이해하고 판단할 수 있기를 희망하면서 미흡하지만 단군과 고조선이라는 주제에 집중해서 사료를 정리하였다. 시간 격차라는 물리적 한계를 넘어 현존 사료를 면밀하게 검토하고 여기에 역사적 상상력을 더해 지나온 시대를 이해하고 이를 바탕으로 한민족에 대한 이해의 깊이가 더해질 수 있기를 바라며 조심스럽게 글을 펼쳐본다.

일러두기

- 본 글에서는 단군과 고조선에 대해 기록을 남긴 3권의 사료를 3부로 나누어 살펴보았다. 상대적으로 상세한 설명을 담고 있는 『삼국유사』를 1부로, 『제왕운기』를 2부로, 끝으로 『삼국사기』를 3부에서 다루었다.
- 3권의 사료는 다시 각각 3부분으로 나누어 기술하였다. 먼저 사료 내용을 이해하기 쉽도록 한글로 설명하였고, 이어서 원문에 한글음을 달고 직역을 하였다. 마지막 부분은 사료를 옮겨 적어 원문을 있는 그대로 직접 볼 수 있도록 하였다.
- 글의 이해를 돕기 위해 일부 내용에 한자를 작은 글씨로 나란히 적었고, 보충 설명 부분은 괄호로 표시하였다.
- 사료 원문에 기록되어 있는 주註는 두 가지 방식으로 기록하였다. 한글로 설명한 부분에서는 기본 내용을 이해하는 것이 중요하다는 판단에서 주註를 따로 표시하지 않고 설명에 포함하였다. 한편 원문·한글음·직역을 담고 있는 두 번째 부분에서는 원저자가 적은 주註를 사선으로 표시하여 구분하였다.
- 책 내용에 시간을 뜻하는 '지금'이라는 단어가 등장한다. 이때 '지금'은 모두 사료를 쓴 시점을 뜻한다. 이와는 달리 괄호와 함께 사용한 '(현재)'라는 말은 우리가 살고 있는 21세기를 뜻한다.

목차

1부 『삼국유사』로 읽는 단군과 고조선

단군과 고조선을 최초로 알린 『삼국유사』 / 17

2부 『제왕운기』에서 읽는 단군과 고조선

단군과 고조선을 재확인시켜 준 『제왕운기』 / 155

-고조선과 세계, 서기전 24세기-

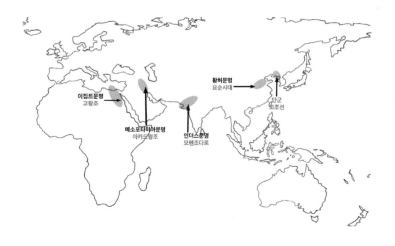

『삼국유사』로 읽는 단군과 고조선

단군과 고조선을
최초로 알린 『삼국유사』

『삼국사기』와 『삼국유사』는 한국 고대사의 모습을 알려주는 대표적인 역사서이다. 『삼국사기』는 1145년(인종 23) 왕명王命에 따라 김부식 등의 관료학자官僚學者들이 편찬한 관찬사서고, 『삼국유사』는 1281년(고려 충렬왕 7) 승려 일연이 개인적으로 쓴 역사책이다. 관리의 공적 저술과 승려의 개인적 관심사 등 저자의 출신과 편찬 배경에서 차이가 나는 만큼 내용적으로도 대비된다. 『삼국사기』는 인종의 뜻에 따라 정치사를 중심으로 왕조의 통치 활동이 서술되어 있고, 『삼국유사』는 개인적 흥미에서 비롯된 민속적이고 종교적인 이야기를 주로 담고 있어 당시 사회와 생활상을 보여주고 있다.

일연은 1206년(희종 2)에 태어나 14세에 출가한 후 22세에 승과에 장원으로 급제하였다. 원종(재위 1259~1274)과 충렬왕(재위 1274~1308) 때에는 몽고의 지배를 받게 된 왕실을 보좌하면서 78세에 국사國師가 되었다. 말년인 1281년 『삼국유사』를 완성하였으며, 1289년(충렬왕 15) 84세의 나이로 사망하였다.

『삼국유사』는 전체 5권으로 구성되어 있고, 단군과 고조선에 대한 내용은 1권인 「기이紀異 제1」에 담겨 있다. 「기이紀異 제1」은 머리말로 시작하는데, 여기서 일연은 자신이 이 책을 집필하게 된 이유를 설명하고 있고, 이어 본문에서는 단군에서부터 삼국까지를 다루고 있다.

본 글의 1부는 「기이紀異 제1」 가운데 단군에서 시작하여 기자를 거쳐 위만에 이르는 고조선, 고조선 멸망 이후 흥망을 거듭하는 여러 국가들, 이들을 병합하며 고대국가의 모습을 갖추어 가는 삼국의 초기 모습까지 살펴보았다.

● 머리말 · 삼국유사를 쓰며

옛날 위대하고 덕이 많은 성인聖人들이 나라를 일으킬 때는 대체로 지혜로운 예법과 민심을 토대로 하였다. 백성들은 (나라를 세운) 성인들의 예의 바르고 어진 마음을 공경하며 따랐다. 괴이한 일로 마음을 어지럽히고, 이상하고 요상한 귀신 따위로 속임수를 쓰거나, 폭력으로 남을 굴복시켰다는 성인은 없었다. 그러나 한 나라를 일구고 이끌어 가는 위대한 임금이 나타날 때는, 반드시 하늘의 명이나 계시를 받는 특이한 일이 일어나는 법이다. 나라를 건국하는 뛰어난 성인이라면 당연히 보통 사람과 다르지 않겠는가. 그리하여 먼저 하늘의 부름을 받아 큰 변화를 일으키고 보통 사람들에게는 없는 힘으로 마침내 나라를 세우는 등의 대업을 이루는 것이다.

황하黃河에서 그림이 나오고 낙수洛水에서 글이 나오자 두 성인이 일어났다.(전하는 말에 따르면, 중국 황하강에서 무늬 있는 용마龍馬가 복희씨 앞에 나타났는데, 복희씨가 그 무늬에 담긴 뜻을 알아보고 팔괘八卦를 그렸다고 한다. 이것을 황하에서 나온 그림이라고 하여 하도河圖라 한다. 홍수를 막기 위해 밤낮으로 애를 쓰는 우禹 앞에 낙수에서 등에 글이 새겨진 신령스러운 거북

이가 나타났다. 우는 그 글의 의미를 깨닫고 널리 세상에 알렸다. 이것이 홍범
구주洪範九疇이다. 홍범구주는 훗날 하夏나라를 세운 성인 우임금이 백성을 다스
리는 데 필요한 정치 도덕을 크게 아홉 가지로 설명한 글이라고 한다. 이것을
낙수에서 나온 글이라 하여 낙서洛書라고 한다) 성인은 태어날 때도 보통
사람과 달라 복희씨는 무지개가 신모神母를 휘감아 태어났다고 한다.(복
희씨는 팔괘뿐만 아니라 최초로 수렵과 고기잡이 방법 등을 사람들에게 가르쳤
다는 신화적 인물이다)

이와 같은 중국 성인들의 특이한 이야기는 무궁무진하다. 용이 여
등女登이라는 여인과 관계를 맺어 염炎이 태어났는데, 염은 최초로 사
람들에게 농사짓는 법을 가르쳤고, 또 풀과 나무의 성질을 널리 알려
병을 고치고 독초를 조심하게 하였다. 사람들은 염의 업적을 기리며
염제炎帝 신농씨神農氏라고 높여 불렀다.

황아皇娥가 궁상 땅 넓은 들에서 놀고 있을 때 서쪽 신 백제白帝의
아들이라는 신동神童을 만나 소호小昊 금천씨金天氏를 낳았다. 금천씨는
서쪽 신의 기운으로 왕이 되어 금덕金德을 펼치며 나라를 다스렸다. 간
적簡狄은 제비 알을 삼키고 나서 설契을 낳았다. 설은 훗날 우가 세운
하夏나라의 후손 걸왕桀王이 폭정을 일삼고 백성을 괴롭히자 그를 내
쫓고 새로운 왕조를 건국한 상商(상나라는 은허로 도읍을 옮겨 은나라라고
도 불린다)나라 탕왕湯王의 시조이다.
강원姜嫄은 거인의 발자국을 밟고 아들을 낳았는데, 아비 없이 태어
난 이상한 자식이라 하여 내다 버렸다. 그런데 온갖 짐승들이 와서 아

이를 감싸고 보호해 주었다. 이를 신기하게 여겨 다시 데려와 키웠다. 버렸다는 뜻의 기棄가 아이 이름이 되었다. 기는 농사짓기를 좋아하였다. 토질을 잘 살펴 그에 맞는 곡식을 심으니 백성들이 그를 본받아 온 나라에 그의 덕이 퍼졌다. 기는 주周나라의 선조先祖이다. 주나라는 폭정을 일삼는 상나라를 멸망시켰다. 주나라의 시작이 거인의 발자국을 밟은 강원에게 있다.

성인聖人 요임금의 어머니는 아이를 가진 지 14개월 만에 요堯를 낳았다. 요는 백성들을 위해 자기 욕심을 버리고 자기 자식이 아닌 순舜에게 왕위를 물려주었다. 욕심 없이 백성들의 편의를 먼저 생각한 요임금 덕분에 요순태평시대를 열었다.

이처럼 중국에는 전설적인 삼황오제三皇五帝뿐만 아니라 삼황오제 이후 중국 최초의 나라인 하나라(서기전 2070~서기전 1600)를 세웠다는 우임금과 훗날 상나라(서기전 1600~서기전 1046)의 시조라는 설契과 주나라(서기전 1046~서기전 403)의 시조라는 기棄에 대한 신비로운 이야기들이 끝이 없다. 또 진秦나라 이후로 중국 천하를 차지한 패공沛公 유방(서기전 247경~서기전 195), 한나라(서기전 202~서기 220) 고조高祖 이야기는 어떠한가. 그 어머니가 커다란 연못에서 용과 관계를 맺고 아들 유방을 낳았으며, 유방은 남방 신 적제赤帝의 아들이라고 한다. 이렇게 중국의 여러 제왕들에게 일어난 신기한 이야기들이 너무 많아 일일이 다 말할 수 없을 정도이다.

중국에서 나라를 세운 시조들의 이야기가 모두 다 이러한데, 우리 삼국의 시조에게 신이神異하게 일어난 일을 어찌 괴이하다고 하겠는가. 이것이 초인간적이며 초자연적인 신비한 이야기를 모든 글의 맨 앞에 두는 까닭이다. 중국 시조가 신이하고 신기한 것이 성스럽듯이, 우리의 시조 또한 신이하고 신기하고 성스럽다. 내가 우리 시조들의 신이한 이야기를 맨 앞에 적는 까닭이 여기에 있다.

-일연 씀

紀異 第一
기이 제 1
제1편 신기한 이야기

敍曰
서왈
머리말

大抵古之聖人 方其禮樂興邦 仁義設敎 則怪力亂神 在所不語
대저고지성인 방기예악흥방 인의설교 즉괴력난신 재소불어
대체로 예로부터 훌륭한 성인은 예와 악으로 나라를 일으키고, 어짊과 의로움을 바로 세워 세상을 가르쳤다. 즉, 성인은 괴이하고 이상한 힘을 쓰거나 마음을 어지럽히는 이상하고 요상한 말은 하지 않았다.

然而帝王之將興也 膺符命 受圖籙 必有以異於人者

연이제왕지장흥야 응부명 수도록 필유이이어인자

그러하나, 자고로 하늘의 명을 받들어 그 예언대로 임금이 된 자는 분명 보통 사람과는 다를 수밖에 없다.

然後能乘大變 握大器 成大業也

연후능승대변 악대기 성대업야

어떤 징조 후에 커다란 변화가 일어나 큰 힘을 지니게 되고, 결국 큰 일을 이룬다.

故河出圖洛出書 而聖人作 以至虹繞神母而誕羲

고하출도낙출서 이성인작 이지홍요신모이탄희

그러므로 황하黃河에서 그림이 나오고 낙수洛水에서 글이 나온 후에 성인이 나타났다.(황하에서 무늬 있는 용마가 복희씨 앞에 나타났다. 이를 본 복희씨가 팔괘를 그렸다. 팔괘로 하늘과 땅의 이치와 사람의 도리를 가르쳤다고 한다. 낙수에서 홍수를 다스리던 우 앞에 등에 글을 새긴 거북이 나타났다. 그 글을 해석하여 홍범구주洪範九疇를 널리 알렸다고 한다. 황하에서 나온 그림을 하도河圖라고 하고, 낙수에서 나타난 글을 낙서洛書라고 한다) 무지개가 신모를 휘감아 복희씨가 탄생하였다.(복희씨는 최초로 수렵과 목축, 그리고 그물을 만들어 고기 잡는 것 등을 가르쳤다고 한다. 우는 중국 최초의 국가 하夏나라를 세운 임금이다)

龍感女登而生炎 皇娥遊窮桑之野 有神童自稱白帝子 交通而生小昊

용감여등이생염 황아유궁상지야 유신동자칭백제자 교통이생소호

용이 여등을 휘감아 여등은 그 일로 아들 염을 낳았다.(염은 인류에게
처음으로 농사짓는 법을 알려주었다는 전설적인 임금 염제 신농씨이다) 황아
는 궁상의 넓은 들에서 놀다가 서쪽 신 백제白帝의 아들이라는 신동과
관계를 맺고 소호를 낳았다.(소호는 오제 중의 한 명으로 천하를 84년간 다
스리다 100세에 죽었다는 전설적인 임금인 소호小昊 금천씨金天氏이다. 서쪽 신
백제白帝의 아들이라는 이야기가 있다)

簡狄吞卵而生契 姜嫄履跡而生棄 胎孕十四月而生堯

간적탄란이생설 강원이적이생기 태잉십사월이생요

간적은 제비 알을 먹고 아들 설을 낳았다.(상商나라의 시조 설의 후손인
탕왕은 폭정을 일삼는 하夏나라를 멸망시켰다) 강원은 거인의 발자국을 밟
고 아들 기를 낳았다.(기는 주周나라 무왕의 시조다) 요는 보통 사람과 달
리 14개월 만에 태어났다.(요는 도당씨陶唐氏, 당요唐堯라고도 한다. 요임금은
아들이 아닌 순에게 임금의 자리를 양위하며 태평시대를 열었다고 한다. 전설적
인 삼황오제 중의 한 명이다)

龍交大澤而生沛公 自此而降 豈可殫記

용교대택이생패공 자차이강 기가탄기

용과 커다란 연못에서 관계를 맺고 패공이 태어났다.(패공은 제왕이 되
기 전에 부르던 한나라 시조 유방의 호칭) 이런 식으로 중국의 제왕들이
태어났다는 이야기들이 너무 많으니 이것을 어찌 다 하나하나 기록할

수 있겠는가.

然則三國之始祖 皆發乎神異 何足怪哉
연즉 삼국 지 시 조 개발 호 신 이 하족 괴재

중국 왕들의 이야기가 모두 이러한데, 우리 삼국의 시조들이 모두 신이하게 일어난 일을 어찌 괴이하다고 할 수 있는가.

此紀異之所以漸諸篇也 意在斯焉
차 기 이 지 소 이 점 제 편 야 의 재 사 언

이것이 초인간적이며 초자연적인 기이奇異한 이야기를 모든 글의 맨 앞에 두는 까닭이다. 중국 시조가 신이神異하고 신기하며 성스럽듯이, 우리 시조 또한 신이하고 신기하며 성스럽다. 내가 우리 시조들의 신이한 이야기를 맨 앞에 적는 까닭이 여기에 있다.

● 고조선 · 왕검조선

　중국『위서魏書』에 다음과 같은 기록이 있다.

　"지금으로부터 2천여 년 전에 단군왕검이 아사달에 도읍을 세우고 나라를 열어 조선이라고 불렀다. 중국 요임금과 같은 시기이다."(중국사에서 위魏나라는 서기전 5세기에서 서기전 3세기, 즉 전국시대서기전 403~서기전 221에 있었던 위나라와 220년경부터 264년까지 있었던 조조의 위나라, 그리고 남북조시대인 4세기에서 6세기까지 존립했던 북위北魏, 동위東魏 등의 위나라가 있다.『위서』또한 10여 가지가 있었다고 하는데, 현재 전해지는『위서』는 진수陳壽, 233~297가 지은『삼국지』중의 「위서」와 위수魏收, 506~572가 지은『위서魏書, 551~559』가 남아 있을 뿐이다. 일연이 참고한 것은 어느『위서』인지 알수 없다. 현존하는『위서』에는 일연이 전하는 기록이 보이지 않는다. 요임금은 중국의 전설적인 삼황오제의 한 사람으로 대략 서기전 2300년대에 중국을 다스렸다고 한다)

　『경經』(『산해경山海經』으로 추정)에는 조선의 도읍이 아사달 대신 무엽산이라고 하였고, 또 백주에 있는 백악이라고도 하였다. 혹은 개성 동쪽에 있다고도 하니 지금의 백악궁이다.

또 고기古記에는 이런 기록이 있다.

"옛날에 하늘의 제왕 환인이 있었다. 환인은 제석이라고도 부른다. 하늘의 제왕 환인에게 환웅이라는 서자가 있었다. 환웅은 하늘 아래 인간 세상에 뜻을 두고 인간 세상을 다스리고 싶어 했다. 아버지 환인이 아들의 뜻을 알고 환웅이 다스릴 만한 곳을 살폈다. 하늘 아래 삼위산三危山에서 태백산까지의 드넓은 지역이 눈에 띄었다. 삼위태백三危太伯 지역이라면 널리 인간을 이롭게 할 만하다고 여긴 환인은 하늘신의 성스러움을 상징하는 천부인天符印 세 개를 환웅에게 주어 하늘 아래 인간 세상을 다스리게 하였다.(삼위태백은 현재 중국 감숙성甘肅省 돈황현 남쪽에 있는 삼위산에서부터 북한과 중국의 경계에 있는, 중국에서는 장백산으로 불리고 우리는 백두산이라 부르는 드넓은 지역으로 해석하기도 한다. 또 삼위三危를 글자 뜻 그대로 커다란 세 봉우리로 해석하여 태백산의 커다란 세 봉우리로 설명하기도 한다. 태백산太白山은 특정한 하나의 산 이름이 아니라 제일 큰 산을 일컫는 말이기도 하다. 글이 쓰인 당시의 태백산을 현재 백두산 또는 구월산이라고도 한다. 하늘임금의 절대적인 큰 힘과 신성함을 상징하는 천부인 세 개에 대하여 구체적으로 어떤 것이라는 기록은 남아 있지 않다)

환웅은 삼천 명의 무리를 이끌고 삼위태백의 꼭대기로 내려와 커다란 나무 아래 터를 잡고 그곳을 신단수神壇樹라고 불렀다. 태백은 지금의 묘향산이다. 신단수를 중심으로 그곳에 신神의 도시를 열었다. 이렇게 하늘의 아들 환웅이 다스리는 신시神市의 시대, 환웅천왕桓雄天王의 시대가 태백산 아래 인간 세상에서 시작되었다. 환웅천왕은 바람을 다스리는 풍백風伯과 비를 다스리는 우사雨師, 구름을 다스리는 운사雲師

를 거느리고 곡식과 인간의 생명과 질병, 형벌과 선악 등 인간에게 필요한 360여 가지의 일을 주관하며 세상을 다스렸다. 환웅천왕께서 사람들을 가르치며 다스리니, 사람들이 점차 도리道理를 알게 되고 예절과 질서가 생겼다. 갖가지 곡식 농사가 널리 퍼져 인간들의 생활이 점점 풍요롭고 평화롭게 되었다.

이 무렵 곰 한 마리와 호랑이 한 마리가 같은 동굴에 살고 있었는데, 신시神市의 풍요롭고 안락한 인간 세상을 부러워하며 늘 환웅 신에게 사람이 되기를 빌었다. 이에 환웅은 신령스러운 쑥 한 다발과 마늘 스무 개를 주면서 '너희가 이것을 먹으며 100일 동안 햇빛을 보지 않는다면 이내 사람의 모습을 얻게 될 것이다'라고 하였다. 곰과 호랑이가 신령스러운 쑥과 마늘을 얻어 어두운 동굴로 돌아왔다. 곰은 금기를 지키며 쑥과 마늘을 먹은 지 3·7일, 즉 21일 만에 여자의 몸을 얻어 사람이 되었다. 그러나 호랑이는 금기를 지키지 못하여 사람이 되지 못하였다.

여자가 된 곰은 웅녀熊女라 불렀다. 그런데 아무도 웅녀와 혼인하려 하지 않았다. 웅녀는 매일 신단수 아래에서 아이를 갖게 해달라고 정성을 다하여 빌었다. 이에 환웅 신이 잠시 사람으로 변하여 웅녀와 혼인하였다. 웅녀와 환웅 신 사이에서 아들이 태어났는데, 이가 곧 단군왕검이다.

단군왕검은 중국의 당요, 즉 요임금이 즉위한 지 50년째인 경인년에 지금 고려의 서경西京인 평양에 도읍을 정하고 나라를 세워 조선이라고 부르기 시작했다. 우리나라 최초의 나라이며, 단군은 우리나라 최초의 임금이다. 그런데 중국의 요임금이 즉위한 해는 무진년이므로, 요임금 즉위 50년이면 정사년이지 경인년이 아니다. 간지干支, 연도 계산이 맞지 않으니 기록이 맞는 것인지 의심스럽다. 그 후에 단군왕검은 도읍을 백악산 아사달로 옮겼다고 하는데, 아사달은 궁홀산 또는 금미달이라고도 한다. 궁홀산은 방홀산이라고도 부른다. 단군왕검은 조선을 세워 1500년 동안 나라를 다스렸다.(단군왕검이 세운 나라 이름은 조선이다. 일연은 뒷글에 이어지는 위만조선과 구별하여 단군왕검의 조선을 고조선 혹은 왕검조선이라고 기록하였다. 1392년 이성계가 세운 조선과 구분하기 위해 현재 학계에서는 단군·기자·위만이 지배했던 조선을 모두 고조선古朝鮮이라고 한다. 즉 고조선은 단군조선, 기자조선, 위만조선을 모두 말한다. 이승휴는 『제왕운기』에서 고조선을 단군조선, 후조선, 위만조선으로 구분하였다)

중국 주周나라(서기전 1046~서기전 256) 무왕이 은殷나라(서기전 1600 ~서기전 1046)를 무너뜨렸다.(은나라는 상商나라라고도 부른다. 은나라 주왕紂王은 술로 연못을 채우고 나무에 고기를 달아 놓았다고 할 정도로 온갖 사치를 즐기며 충언하는 신하들을 가벼이 죽이고 백성을 혹사시켰다. 주왕의 행실에서 주지육림酒池肉林이라는 사자성어가 나왔다. 폭정이 이어지자 주周나라 무왕이 중심이 되어 제후諸侯들이 주왕을 쫓아냈다. 이후 은나라를 이어 중국의 중심 나라가 된 주나라는 관직의 크기에 따라 땅을 나누어 주고 다스리게 하는 봉건제도를 실시하였다. 주나라가 완성한 문화 및 문물제도는 이후 중국적 문화의 바탕이 되었으며 주변의 작은 나라들에 큰 영향을 미쳤다) 주나라 무왕은 즉위한 기묘년(서기전 1046)에 은나라 왕족王族으로 주왕의 신하였던 기자를 조선의 왕으로 봉하였다. 그러자 단군이 기자를 피하여 장당경으로 옮겨 갔다. 후에 단군이 다시 아사달로 돌아와 숨어 살다가 산신이 되었다. 이때 단군의 나이 1908세였다."

당나라 배구전에는 이런 기록이 있다.(배구전裵矩傳은 수나라580~617와 당나라618~907에서 고위 관직에 있었던 배구裵矩, 557~627에 대한 기록이다)

"고려(고구려를 말한다)는 본래 고죽국으로 지금의 해주인데, 주나라에서 기자를 봉하여 조선이라고 하였다. 한나라(서기전 202~서기 220) 때 조선을 멸하고 세 개의 군을 설치하였는데 현도, 낙랑, 대방이 그것이다. 대방은 또 북대방이라고도 한다."

『통전通典』에도 배구전에 기록된 것과 같은 내용이 적혀 있다.(『통전』은 당나라의 정치가이자 역사가인 두우杜佑, 735~812가 766년에 시작하여 30여년 만에 완성한 역사책이다. 중국 상고사부터 당나라 현종 때까지 역대 제도 및 사실을 기록한 통사通史이다) 반고班固, 32~92가 지은 『한서漢書』에는 진번, 임둔, 낙랑, 현도의 4군四郡이라 하고, 지금 배구전이나 『통전』에는 3군三郡이라 하면서 이름도 다르니 어째서인지 모르겠다.

古朝鮮 王儉朝鮮

고 조 선 왕검조 선

魏書云 乃往二千載 有壇君王儉 立都阿斯達

위서운 내왕이천재 유단군왕검 입도아사달

『위서』에 따르면, 지금으로부터 2천 년 전에 단군왕검이 아사달에 도
읍을 세웠다.

 經云 無葉山 亦云白岳 在白州地 或云在開城東 今白岳宮是

경운 무엽산 여운백악 재백주지 혹운재개성동 금백악궁시

산해경(중국에서 가장 오래된 지리책, 하나라 우임금이 썼다고도 하고 전국시
대의 글이라고도 한다)에서는 아사달을 무엽산이라고 하고 또는 백주에
있는 백악산이라고도 한다. 혹은 개성 동쪽이라고도 하는데, 지금의
백악궁을 말한다.

開國號朝鮮 與堯同時

개국호조선 여요동시

나라를 세워 조선이라고 하였다. 요임금(전설적인 삼황오제의 한 명으로
서기전 2300년대 무렵 중국을 다스렸다. 사마천의 『사기』 중 「오제본기五帝本紀」
에 나오는 임금)과 같은 시기였다.

古記云 昔有桓因 *謂帝釋也* 庶子桓雄 數意天下 貪求人世

고기운 석유환인 위제석야 서자환웅 수의천하 탐구인세

고기에 전하기를, 옛날에 하늘임금 환인이 있었는데, *환인은 제석이라고도 한다.* 환인의 서자 환웅은 하늘 아래 인간 세상을 탐내어 다스리고 싶어 하였다.

父知子意 下視三危太伯 可以弘益人間

부지자의 하시삼위태백 가이홍익인간

아버지가 아들의 뜻을 알고 하늘 아래를 내려다보니 삼위태백에서 능히 세상을 다스리며 널리 인간들을 이롭게 할 만하였다.

乃授天符印三箇 遣往理之

내수천부인삼개 견왕이지

이에 환인은 하늘의 제왕임을 나타내는 천부인 세 개를 환웅에게 주어 인간 세상으로 내려보내면서 그들을 다스리도록 하였다.

雄率徒三千 降於太伯山頂 *卽太伯今妙香山* 神壇樹下

웅솔도삼천 강어태백산정 즉태백금묘향산 신단수하

환인의 명을 받은 환웅이 무리 3천을 거느리고 태백산 꼭대기에 내려와 신령스러운 나무, 신단수 아래에 자리를 잡았다. *태백은 곧 지금의 묘향산이다.*

謂之神市 是謂桓雄天王也

위지신시 시위환웅천왕야

이곳을 신의 도시, '신시'라 부르고 세상을 다스리니, 이분이 환웅천왕이다.

將風伯雨師雲師 而主穀主命主病主刑主善惡

장풍백우사운사 이주곡주명주병주형주선악

바람을 다스리는 풍백, 비를 다스리는 우사, 구름을 다스리는 운사를 거느리시고, 곡식과 사람의 생명과 질병, 형벌 및 선악 등을 주관하셨다.

凡主人間三百六十餘事 在世理化

범주인간삼백육십여사 재세이화

환웅천왕께서 인간 세상의 360여 가지 등 모든 일을 주관하셨다. 사람의 도리道理를 알리고 일깨우시며 인간 세상을 다스리셨다.

時有一熊一虎 同穴而居 常祈于神雄 願化爲人

시유일웅일호 동혈이거 상기우신웅 원화위인

이때에 곰 한 마리와 호랑이 한 마리가 같은 동굴에 살았는데, 그들은 늘 환웅 신에게 빌며 사람이 되게 해달라고 하였다.

時神遺靈艾一炷 蒜二十枚曰 爾輩食之 不見日光百日 便得人形

시신유령애일주 산이십매왈 이배식지 불견일광백일 변득인형

그러자 환웅 신이 곰과 호랑이에게 신령스러운 쑥 한 다발과 마늘 스무 개를 주면서 말하였다. "너희가 이것을 먹으며 100일 동안 햇빛을 보지 않는다면 이내 곧 사람의 모습을 얻게 될 것이다."

熊虎得而食之 忌三七日 熊得女身 虎不能忌 而不得人身

웅호득이식지 기삼칠일 웅득여신 호불능기 이부득인신

곰과 호랑이가 그 쑥과 마늘을 받아먹었다. 금기를 잘 지키던 곰은 3·7일, 즉 21일 만에 여자의 몸을 얻었다. 호랑이는 금기를 지키지 못하여 사람이 되지 못하였다.

熊女者無與爲婚 故每於壇樹下 呪願有孕

웅녀자무여위혼 고매어단수하 주원유잉

여자가 된 곰, 웅녀와 혼인하려는 사람이 아무도 없자 웅녀는 매일 신단수 아래에서 아이를 갖게 해달라고 빌었다.

雄乃假化而婚之 孕生子 號曰壇君王儉 以唐堯卽位五十年庚寅

웅내가화이혼지 잉생자 호왈단군왕검 이당요즉위오십년경인

이에 환웅 신이 사람으로 임시 변하여 웅녀와 혼인하였다. 웅녀가 아이를 갖게 되어 아들을 낳았다. 이가 곧 단군왕검이시다. 당요(중국의 전설적인 요임금)가 즉위한 지 50년째 되는 경인년이었다.

唐堯卽位元年戊辰 則五十年丁巳 非庚寅也 疑其未實

당요즉위원년무진 즉오십년정사 비경인야 의기미실

요임금이 즉위한 해는 무진년으로 즉위 50년은 정사년이지 경인년이
아니다. 연도가 틀리니 기록이 맞는 사실인지 의심스럽다.

都平壤城 今西京 始稱朝鮮

도평양성 금서경 시칭조선

평양성에 도읍을 세우고, *평양성은 지금의 서경이다.* 조선이라고 부르
기 시작하였다.

又移都於白岳山阿斯達 又名弓 一作方 忽山 又今彌達 御國一千五百年

우이도어백악산아사달 우명궁 일작방 홀산 우금미달 어국일천오백년

다시 도읍을 백악산 아사달로 옮겼다. 또는 궁홀산이라고도 하고 금미
달이라고도 한다. *궁홀산은 방홀산이라고도 한다.* 단군왕검은 1500년
동안 조선을 다스렸다.

周武王卽位己卯 封箕子於朝鮮 壇君乃移藏唐京

주무왕즉위기묘 봉기자어조선 단군내이장당경

중국 주나라 무왕이 즉위한 기묘년(서기전 1046)에 기자를 조선왕으로
봉했다. 그러자 단군이 (기자를 피해) 장당경으로 옮겼다.

後還隱於阿斯達 爲山神 壽一千九百八歲

후환은어어아사달 위산신 수일천구백팔세

이후에 다시 아사달에 돌아와 숨어 살다가 산신이 되었다. 그때 나이
1908세였다.

唐裴矩傳云 高麗本孤竹國 今海州 周以封箕子爲朝鮮

당배구전운 고려본고죽국 금해주 주이봉기자위조선

당나라 배구전에는 이렇게 전한다. 고려(고구려, 서기전 37~서기 668)는
원래 고죽국이었는데, *지금의 해주이다.* 주나라(서기전 1046~서기전
256) 때 기자를 조선왕으로 봉하였다.

漢分置三郡 謂玄菟 樂浪 帶方 *北帶方*

한분치삼군 위현도 낙랑 대방 북대방

한나라(서기전 202~서기 220)가 그 자리에 세 개의 군을 설치하였다.
세 개의 군은 현도, 낙랑, 대방 *또는 북대방*이다.(조선이라는 나라가 없어
지고 한나라의 군현제도 속에 편입되어 나라가 아닌 일개 군郡이 된 것이다)

通典亦同此說 *漢書則眞臨樂玄四郡 今云三郡 名又不同 何耶*

통전역동차설 한서즉진임낙현사군 금운3군 명우부동 하야

『통전』에도 역시 배구전과 같은 내용이 전한다. 『한서』에는 진번, 임
둔, 낙랑, 현도 4개의 군을 설치했다고 하고 배구전과 『통전』에서는
3개의 군이라고 하며, 그 이름도 다르니 어찌 된 것인지 모르겠다.

● 위만조선

　전한前漢(서기전 202~서기 8)의 역사를 기록한 반고(32~92)의 『한서漢書』 「조선전」에 전하는 기록이다.

　"일찍이 중국의 연燕나라(서기전 11세기경~서기전 222)가 진번과 조선을 침략하여 그 땅을 얻었다. 안사고(581~645)는 7세기에 『한서』의 내용을 보충 설명하였는데, 중국 전국시대(서기전 403~서기전 221)에 연나라가 이미 진번과 조선 땅을 차지하였다고 하였다. 연나라는 조선 땅을 정복한 후 그 지역에 관리를 보내 요새를 쌓고 통치하였다. 진秦나라(서기전 221~서기전 206)가 중국을 최초로 통일하면서 춘추전국시대(서기전 770~서기전 221)의 많은 나라를 정복하고 강력한 중앙제국을 형성하였다. 이때 진나라가 연나라를 멸망시키고 요동을 복속시켜 그 끝을 경계로 삼았다.

　그러나 진 제국이 15년 만에 무너지고, 얼마 후 다시 통일 제국 한나라(서기전 202~서기 220)가 성립되었을 때, 한나라는 이곳이 너무 멀어서 지키며 관리하는 것이 어려웠다. 한나라는 요동의 옛 요새를 다시 쌓아 수리하고 패수를 경계로 삼았다. 그리고 제후국 연나라 왕에게 변방관리를 맡겼다. 안사고는 '패수는 낙랑군에 있다'고 한다.(한나라 시대에 연나라 왕에 봉해진 노관은 중국을 다시 통일한 한나라 유방과 같은 고향에서 나고 자란 죽마고우이다. 진나라가 무너지는 시기에 함께 일어나 전쟁을 치르며 한나라가 제국으로 성장하자 유방에 의해 연나라 왕에 봉해졌다) 연왕 노관은 (유 씨의 한漢 제국이 계속 성姓이 다른 제후국의 왕들을 점점 제거하자 자신도 죽임을 당할까 두려워하다가) 한나라에 반기를 들고 흉노로 도망쳤다. 그러자 연나라에 살던 위만은 자기를 따르는 천여 명의 무리를 이끌고 혼란한 연나라를 떠나 패수를 건너 동쪽으로 도망쳤다. (연 왕 노관이 한나라를 배반하고 흉노로 도망가자 한나라가 노관의 연나라를 공격하였다. 한나라 초기 유방은 다른 제후들의 반기를 억누르는 전쟁을 계속하였다) 그리고 진나라가 망한 이후로 관리체계가 무너져 빈 채로 남겨진 공터에 자리를 잡았다.

상하장上下障은 장벽을 쌓은 요새의 위·아래 지역이다. 상하장을 근거지로 위만은 점차 주변의 진번과 조선朝鮮 등의 만이족蠻夷族을 굴복시키고, 한나라의 통일전쟁으로 어수선해진 연나라와 제나라를 피하여 망명해 오는 자들을 굴복시켜 왕이 되었다. 그리고 왕검에 도읍을 세웠다. 이(『한서』의 내용을 보충 설명한 사람)는 왕검을 지명이라고 하였고, 신찬(『한서』의 내용을 보충 설명한 사람)은 그 왕검성이 낙랑군에 있는 패수의 동쪽에 있다고 하였다. 위만이 군사력으로 주변의 작은 읍들을 침략하여 항복시키자 진번과 임둔 등도 모두 와서 복속하였다. 위만이 다스리는 조선의 영토가 점점 늘어나 사방으로 수천 리나 되었다.

위만이 아들에게 왕위를 전하고 또 그 왕위가 자손인 우거에게 이르렀을 때이다. 안사고는 우거는 위만의 손자 이름이라고 한다. 조선의 남쪽과 동쪽에 있는 진번眞番과 진국辰國은 한나라 천자에게 상서를 올려 천자를 직접 뵙고자 하였다. 그런데 그 중간에 위치한 조선의 우거왕이 길을 막고, 남쪽의 진번과 진국이 북쪽에 있는 한나라와 직접 통하는 것을 못 하게 방해하였다. 안사고에 의하면 진辰은 곧 진한辰韓이다.

원봉 2년, 서기전 109년에 한나라 천자 무제(재위 서기전 141~서기전 87)는 사신 섭하를 조선에 파견하였다. 섭하는 조선의 우거왕에게 대국大國 한나라 천제의 명령에 복종하여 주변 나라들과 한과의 왕래를 방해하지 말라고 하였다. 그러나 조선의 우거왕은 한나라의 명령을 따르지 않을 뿐만 아니라 조서(제왕이 신하에게 전하는 명령서)도 받들지 않았다. 섭하는 교섭에 실패한 채 돌아가게 되었다. 섭하는 마부를 시켜 자신을 배웅하며 패수까지 호송해 준 조선의 비왕장을 찔러 죽이게 하고, 자기는 그대로 패수를 건너 요새로 도망쳤다. 안사고에 따르면 비왕장은 사신 섭하를 바래다준 조선 사람 이름이다. 귀국한 섭하는 천자에게 우거가 한나라의 명을 따르지 않은 것과 그래서 조선의 비왕장을 죽인 것 등을 그대로 보고하였다. 천자는 그 말을 듣고 흡족해하며 섭하에게 동부도위라는 관직을 주고 요동을 맡아 다스리게 하였다. 조선은 비왕장을 죽이고 패수를 건넌 섭하에게 원한을 갖고 그를 습격하여 죽였다.

조선이 섭하를 죽이자 한나라 무제는 군대를 일으켰다. 천자는 누선樓船(해군)장군 양복을 파견하여 제齊나라에서 발해를 건너 조선을 공격하도록 명령하였다. 그리고 병사 5만 명을 좌左(육군)장군 순체에게 주며 요동에서 출발하여 우거를 토벌하게 하였다. 우거왕이 (한나라가 전쟁을 일으켜 공격한다는) 소식을 듣고 병사를 일으켜 지형이 험준한 곳에 진을 치면서 방어하였다. 누선장군 양복이 제나라 군사 7천 명을 거느리고 왕검성에 먼저 도착하였다. 우거왕이 성을 방어하다가 누선의 숫자가 적은 것을 알고 즉시 나와 공격하니 누선장군이 패하여 달아났다. 누선장군 양복은 도망가면서 군사를 잃었고, 산속으로 숨어 간신히 목숨만 건졌다. 좌장군 순체도 조선 패수의 서쪽에서 군대를 공격했지만 우거왕의 군대를 당할 수 없었다.

천자는 두 장군이 이기지 못하자 곧 위산에게 명하여 (결국은 한나라의 병력이 우세하여 조선은 버티지 못할 것임을 알리고) 우거를 회유하여 항복시키도록 하였다. 전쟁 중에 다시 천자의 사신 위산을 맞이한 우거는 이내 항복하기로 하고, 태자를 보내 말을 바치겠다고 하였다. 태자가 항복한다며 일만여 명의 군사를 인솔하고 패수를 건너려 하였다. 이를 본 사자 위산과 좌장군 순체는 혹시 그들이 건너와 변을 일으키는 것은 아닐까 의심하였다. 이에 그들은 태자에게 이미 항복했으니 당연히 병기와 군사를 두고 와야 한다며 맨몸으로 올 것을 요구하였다. 태자가 그 말을 듣고 혹시 자기를 속이고 해치려는 것이 아닐까 의심하였다. 결국 조선의 태자는 패수를 건너지 않고 군사를 이끌고 되돌아왔다. 위산이 귀국하여 사실 그대로 무제에게 보고하자 무제는 위산의 목을 베었다.

좌장군 순체는 패수의 상류에서 우거의 군대를 격파하고 그대로 전진하여 왕검성 아래까지 이르러 서북쪽을 포위하였다. 누선장군도 다시 돌아와서 성의 남쪽에 주둔하였다. 그러나 우거가 성을 굳건하게 지키므로 수개월이 지나도 함락시키지 못하였다. 승패가 오래도록 결정되지 않자, 무제는 제남태수 공손수에게 총지휘 권한을 주고 우거를 정벌하도록 명하였다. 공손수는 조선 땅에 도착하여 먼저 누선장군 양복을 결박하고, 그의 군사를 좌장군의 군대에 합병해 주니 좌장군은 이내 조선을 세차게 몰아붙이며 맹렬히 공격하였다.

조선의 재상 노인과 한도, 이계(지역 이름)의 재상 참樂과 장군 왕겹은 서로 의논한 끝에 항복하기로 하였다. 그러나 재상들과 달리 우거왕은 항복하려 하지 않았다. 이에 한도와 왕겹과 노인이 모두 도망하여 한나라에 항복하였다. 노인은 한나라 진중에 이르지 못하고 도중에 사망하였다.

원봉 3년 여름, 서기전 108년에 이계의 재상 참樂이 사람을 시켜 우거왕을 살해하고 항복하였다. 그러나 우거왕이 지키던 왕검성은 함락되지 않았다. 우거를 모시던 대신大臣 성기가 계속 싸우며 한나라에 굴복하기를 반대하고 왕검성을 지켰기 때문이다. 좌장군이 우거의 아들

장과 노인의 아들 최를 시켜 백성들을 회유하였다.(백성들로 하여금 전쟁을 계속하는 성기를 죽이도록 꾀하였다) 성기를 죽인 후에야 마침내 조선을 평정할 수 있었다. 조선이 멸망하고 그 영토는 한나라의 행정제도에 편입되어 진번군, 임둔군, 낙랑군, 현도군 등 4군으로 나누어졌다."

魏滿朝鮮

위만조선

前漢朝鮮傳云 自始燕時 常略得眞番朝鮮

전한조선전운 자시연시 상략득진번조선

『전한서』(『한서漢書』의 다른 이름. 반고32~92가 쓴 역사책. 훗날 범엽398~445이 쓴 『후한서後漢書』와 구분하여 『한서』를 『전한서前漢書』라고도 부름) 「조선전」에 다음과 같은 이야기가 전한다. 일찍이 중국의 연나라는 진번과 조선을 침략하여 그 땅을 차지하였다.

師古曰 戰國時 燕 因是略得此地也

사고왈 전국시 연 인시략득차지야

『한서』의 내용을 보충 설명한 안사고에 따르면 전국시대(서기전 403~서기전 221) 때 이미 연나라가 조선을 침략하여 그 땅을 얻었다고 한다.

爲置吏築障 秦滅燕 屬遼東外徼

위치리축장 진멸연 속요동외요

연나라는 이곳에 관리를 두고 요새를 쌓았다. 진秦나라(서기전 221~서기전 206)가 연나라를 멸망시키고 요동을 복속시켜 그 끝을 경계로 삼았다.

漢興 爲遠難守 復修遼東故塞 至浿水爲界 *師古曰 浿在樂浪郡*

한흥 위원난수 복수요동고새 지패수위계 *사고왈 패재낙랑군*

(진이 멸망한 뒤) 한나라(서기전 202~서기 220)는 이곳이 너무 멀어 지키기가 어려웠다. 이에 요동의 옛 요새를 수리하고 패수를 경계로 삼았다. *안사고에 따르면, 패수는 낙랑군에 있다고 한다.*

屬燕 燕王盧綰反入匈奴

속연 연왕노관반입흉노

한나라는 이 땅을 제후국 연나라가 맡아 다스리도록 하면서 변경 관리를 맡겼다. 그런데 연 왕 노관이 한나라에 반기를 들고 흉노로 망명하였다.

燕人魏滿亡命 聚黨千餘人 東走出塞 渡浿水 居秦故空地上下障

연인위만망명 취당천여인 동주출새 도패수 거진고공지상하장

(왕이 달아나자) 연나라 사람 위만도 달아났다. 그는 무리 천여 명을 거느리고 동쪽 요새 쪽으로 달려 패수를 건넜다. 진나라 이후로 다스리는 자가 없어 빈터가 된 상하장에 터를 잡았다.(상하장은 요새를 쌓은 장벽의 위·아래 지역을 말한다)

稍役屬眞番朝鮮蠻夷及故燕齊亡命者 王之 都王儉
초여속진번조선만이급고연제망명자 왕지 도왕검

점점 진번과 조선의 만이蠻 오랑캐 만, 夷 오랑캐 이 및 연나라와 제나라에
서 오는 망명자들을 복속시키고 세력을 키워 왕이 되었다. 왕검에 도
읍을 정했다.

李曰 地名 臣瓚曰 王儉城在樂浪郡浿水之東
이왈 지명 신찬왈 왕검성재낙랑군패수지동

(『한서』를 보충 설명한) 이李에 따르면 왕검은 지역 이름이다. (『한서』를 보
충 설명한) 신찬臣瓚은 왕검성이 낙랑군의 패수 동쪽에 있다고 하였다.

以兵威 侵降其旁小邑 眞番臨屯 皆來服屬 方數千里
이병위 침항기방소읍 진번임둔 개래복속 방수천리

군사력으로 주변의 소읍들을 침략하여 항복을 받으니, 진번과 임둔
도 모두 와서 복속하였다. 영토가 동서남북 사방으로 수천 리가 되
었다.

傳子至孫右渠 師古曰 孫名右渠
전자지손우거 사고왈 손명우거

왕위가 아들에게 전해지고, 다시 손자인 우거에게 이어졌다.
안사고에 따르면 우거는 위만의 손자 이름이라고 한다.

眞番辰國 欲上書見天子 雍閼不通 師古曰 辰謂辰韓也

진번진국 욕상서견천자 옹알불통 사고왈 진위진한야

진번과 진국(조선의 남쪽과 동쪽에 있는 나라로 한나라에 가려면 조선을 지
나가야 했다)이 한나라 천자에게 상서를 올리며 직접 만나려고 했다.
우거왕이 길을 막아 이를 방해하였다. *안사고는 진은 곧 진한이라고
한다.*

元封二年 漢使涉何諭右渠 終不肯奉詔

원봉이년 한사섭하유우거 종불긍봉조

원봉 2년, 서기전 109년에 한나라 무제(재위 서기전 141~서기전 87)는
사신 섭하를 보내 우거를 타일러서 한나라에 복종하도록 했다. 조선의
우거왕은 무제의 조서를 받들지도 않고 명령을 따르지도 않았다.

何去至界 臨浿水 使馭刺殺送何者朝鮮裨王長 師古曰 送何者名也

하거지계 임패수 사어자살송하자조선비왕장 사고왈 송하자명야

섭하는 (조선왕 우거를 복종시키지 못한 채) 길을 떠나 경계지인 패수에
이르렀다. 마부로 하여금 자신을 호위하며 배웅하던 조선의 비왕장을
찔러 죽이게 하고, 그대로 패수를 건넜다. *안사고는 비왕장은 섭하를
바래다준 조선 사람 이름이라고 한다.*

卽渡水 馳入塞 遂歸報 天子拜何爲遼東之 東 部都尉

즉도수 치입새 수귀보 천자배하위요동지 동 부도위

패수를 건너 요새로 곧장 달린 섭하는 마침내 귀국하여 천자에게 (우

거가 한나라의 명령을 따르지 않는다는 것과 그래서 조선의 비왕장을 죽이고 왔다고) 보고하였다. 무제는 (만족하여) 섭하를 요동(東)부도위에 임명하였다.

朝鮮怨何 襲攻殺何
조선원하 습공살하
조선은 비왕장을 죽이고 달아난 섭하에게 원한을 갖고 그를 습격하여 죽였다.

天子遣樓舡將軍楊僕 從齊浮渤海 兵五萬 左將軍荀彘出遼 討右渠
천자견누선장군양복 종제부발해 병오만 좌장군순체출요 토우거
천자는 누선장군(해군장군) 양복에게 제나라에서 발해를 건너 바닷길로 조선을 공격하라고 하였다. 좌장군(육군장군) 순체에게는 병사 5만 명을 주어 요동을 거쳐 육로로 우거왕을 토벌하라고 명령하였다.

右渠發兵距嶮 樓舡將軍將齊七千人 先到王儉
우거발병거험 누선장군장제칠천인 선도왕검
우거왕은 험준한 지형에서 군사를 거느리고 방어하였다. 누선장군이 제나라 병사 7천 명을 거느리고 왕검성에 먼저 도착하였다.

右渠城守 規知樓舡軍小 卽出擊樓舡 樓舡敗走 僕失衆 遁山中獲免
우거성수 규지누선군소 즉출격누선 누선패주 복실중 둔산중획면
우거가 성을 수비하다가 누선장군의 군사가 적은 것을 알고 즉시 나

아가 공격하였다. 누선(해군)이 패하여 달아나자 장군 양복은 무리를 잃고 산속에 숨어 겨우 피했다.

左將軍擊朝鮮浿水西軍 未能破

좌장군격조선패수서군 미능파

좌장군 순체가 조선의 패수 서쪽 군대를 공격했으나, 조선군을 이길 수 없었다.

天子爲兩將未有利 乃使衛山 因兵威 往諭右渠

천자위양장미유리 내사위산 인병위 왕유우거

천자는 두 장군이 (전쟁을) 이기지 못하자, 위산을 사신으로 보내 한나라 병력이 우세함을 내세워 우거를 회유하라고 명령하였다.

右渠請降 遣太子獻馬 人衆萬餘持兵 方渡浿水

우거청항 견태자헌마 인중만여지병 방도패수

(위산의 이야기에) 우거가 항복을 청하며 태자를 보내 말을 바치겠다고 하였다. 태자가 병사 1만여 명을 이끌고 패수를 건너 항복하려고 하였다.

使者及左將軍疑其爲變 謂太子已服 宜毋持兵

사자급좌장군의기위변 위태자이복 의무지병

사자 위산과 좌장군 순체는 1만여 명이나 되는 태자의 군사를 보고 태자의 군대가 건너와서 변을 일으키는 것은 아닐까 의심하였다. 그래서 태자에게 (조선은) 이미 항복했으니 군사를 데려올 필요가 없다며, 태자에게 군사와 병기 없이 건너오기를 요구하였다.

太子亦疑使者詐之 遂不渡浿水 復引歸 報天子 誅山
태자역의사자사지 수부도패수 복인귀 보천자 주산
태자가 그 말을 듣고 반대로 사자가 자기를 속이는 것이 아닌지 의심하여 결국 패수를 건너지 않았다. 위산이 귀국하여 천자에게 보고하니, 천자는 위산의 목을 베었다.

左將軍破浿水上軍 迺前至城下 圍其西北 樓舡亦往會 居城南
좌장군파패수상군 내전지성하 위기서북 누선여왕회 거성남
좌장군 순체는 패수 상류에서 조선군을 무찌르고 이내 왕검성 밑까지 진군하여 서북 지역을 포위하였다. 도망갔던 누선장군도 다시 돌아와 성의 남쪽에 진을 쳤다.

右渠堅守 數月未能下 天子以久不能決 使故濟南太守 公孫遂往征之
우거견수 수월미능하 천자이구불능결 사고제남태수 공손수왕정지
우거왕이 성을 굳건하게 지켜 수개월이 지나도 함락되지 않았다. 천자는 오래도록 승패가 결정되지 않자 제남 태수였던 공손수에게 조선을 정벌하라고 명하였다.

有便宜將以從事 遂至 縛樓舡將軍 竝其軍 與左將軍 急擊朝鮮
유편의장이종사 수지 박누선장군 병기군 여좌장군 급격조선

공손수에게 편의상 총군 지휘권을 주었다. 마침내 도착한 공손수는 누선장군을 결박하고, 누선군사를 좌장군의 군대에 합병하여 빠르고 맹렬한 공격을 퍼부었다.

朝鮮相路人 相韓陶 陰尼谿相參 將軍王唊 *師古曰 尼谿地名 四人也*
조선상노인 상한도 음이계상참 장군왕겹 사고왈 이계지명 사인야
조선의 재상 노인과 한도, 한도는 한음이라고도 한다. 이계의 재상 참과 장군 왕겹, 안사고는 이계는 지명이므로 사람은 모두 4명이라고 한다.

相與謀欲降 王不肯之
상여모욕항 왕불긍지
재상들이 모여 의논하고 항복하기를 원했으나, 왕은 이를 거부하였다.

陶 陰 唊路人 皆亡降漢 路人道死
도 음 겹노인 개망항한 노인도사
한도, 한음이라고도 함. 왕겹과 노인은 모두 도망하여 한나라에 항복하였다. 노인은 가는 중에 사망하였다.

元封三年夏 尼谿相參 使人殺王右渠 來降
원봉삼년하 이계상참 사인살왕우거 내항

원봉 3년 여름, 서기전 108년에 이계의 재상 참이 사람을 시켜 우거왕을 살해하고 항복하였다.

王儉城未下 故右渠之大臣成己又反
왕검성미하 고우거지대신성기우반
그러나 왕검성을 함락시키지 못하였다. 우거왕의 대신 성기가 한나라에 반대하여 전쟁을 계속 이끌었기 때문이다.

左將軍使右渠子長路人子最 告諭其民 謀殺成己 故遂定朝鮮
좌장군사우거자장노인자최 고유기민 모살성기 고수정조선
좌장군이 우거의 아들 장과 노인의 아들 최로 하여금 백성들을 회유하게 하였다. 백성들이 성기를 죽이게 하고 나서야 마침내 조선을 평정했다.

爲眞番 臨屯 樂浪 玄菟 四郡
위진번 임둔 낙랑 현도 사군
(조선을 없애고 한나라의 행정제도를 따라서) 그 땅은 진번군·임둔군·낙랑군·현도군 등 4개의 군으로 나누어졌다.

● 마한

진수陳壽(233~297)가 저술하고, 배송지裵松之(372~451)가 설명을 추가
한 『삼국지三國志』(조조의 위, 유비의 촉, 손권의 오나라 등 삼국의 역사를 기
전체로 서술한 중국사) 「위지魏志」에 다음과 같은 기록이 있다.

"위만이 조선을 공격하자 조선 왕 준은 궁중 사람들과 좌우 세력을
이끌고 바다 건너 남쪽으로 내려가서 한韓나라 땅으로 갔다. 그곳에
나라를 세우고 이름을 마한이라고 하였다."(이때는 초기 철기시대로 한나
라 땅 여기저기에 규모가 작은 여러 부족국가가 존재하던 시기이다. 서기전 3세
기에서 서기전 2세기 무렵의 국가 규모는 작은 나라는 수백 가구家口, 큰 나라
들은 수천 가구로 이루어진 것으로 추정하고 있다. 현재의 서울시, 인천시, 세종
시 정도의 규모를 예전에는 모두 각각 서울나라, 인천나라라고 말한 셈이다)

후백제를 세운 견훤(867~936)이 우리(고려, 918~1391) 태조 왕건에게
쓴 편지에 "옛날에 마한이 먼저 일어나고 그 후에 혁거세가 일어났
다.(마한이라는 나라가 먼저 생겼고, 혁거세의 사로국, 즉 신라는 그 후에 생겼다
고 말하는 것) 그리고 백제가 금마산에 나라를 세웠다"는 내용이 있다.

신라의 대학자 최치원(857~미상)은 "마한은 고구려고, 진한은 신라다"라고 하였다.(마한 지역에 약 54개의 나라가 있었다고 한다. 이들 중에서 고구려가 가장 흥기하여 차차 주변국을 복속하였고, 진한 지역 약 12개국 중에서 신라가 가장 발전하여 세력을 잡았다)『삼국사기』「신라본기」에 의하면 신라가 갑자년, 서기전 57년에 먼저 일어났고, 고구려는 그 후인 갑신년, 서기전 37년에 세워졌다. 이것은 조선 왕 준을 염두에 두고 한 말이다.(조선 왕 준이 피난을 와서 세웠던 나라 마한이 없어진 뒤에 그 땅에 고구려가 세워졌다는 말이다) 이것을 보면 이미 마한이 병합되었기 때문에 동명왕이 일어난 것을 알 수 있다. 이러한 연유로(옛 마한 땅에서 고구려가 나왔으므로) 마한을 고구려라고 한 것이다. 지금 사람들 중 혹자는 백제가 금마산에 나라를 세웠다는 이유로 마한을 백제라고 여기는데 이것은 잘못이다. 고구려 땅에 원래 읍산이 있어서(고구려 평양 인근 지역에 마읍산이 있었다) 고구려를 마한이라고 하는 것이다.

사이四 녁 사, 夷 오랑캐 이, 구이, 구한, 예맥이 있다.(사이四夷는 중국이 자기 나라를 중심에 두고 동서남북 사방의 모든 이민족을 오랑캐라고 일컬은 말이다. 동쪽 이민족을 특히 이夷라고 하면서 동쪽에 있던 아홉 종족을 구이九夷라고 불렀다. 구한九韓은 구이와 같은 뜻으로 특히 마한, 진한 등 중국 동쪽에 거주하던 한韓민족을 말한다) 예맥濊貊도 예족과 맥족으로 동쪽에 거주하는 이민족을 말한다.『주례周禮』(주나라서기전 1046~서기전 256 왕실의 관직제도 및 전국시대戰國時代, 서기전 403~서기전 221 각 나라의 여러 제도 등을 기록한 책)에서는 직방씨職方氏가 사이四夷와 구맥九貊(아홉 종의 맥족)을 장악하여 다스렸다고 하는데, 동쪽에 사는 수많은 이민족을 모두 구이라고 하였다.

삼국사에 이르기를 명주溟州는 옛날 예濊나라 땅이다. 이곳에서 한 백성이 밭을 갈다가 예 왕의 인장을 발견하여 나라에 바쳤다고 한다. 또 춘주는 예전에 고구려 우수주인데 고구려 땅이 되기 전에 먼저 옛날 맥貊나라 땅이었다고 한다. 혹은 지금의 삭주 지역이 맥나라였다고도 하고, 혹은 평양성이 맥나라였다고도 한다. 『회남자』(전한시대 회남淮南을 다스렸던 왕 유안劉安, 서기전 179~서기전 122이 저술한 책)의 설명에 따르면 동방에는 아홉 개의 종족이 있다고 한다.

『논어』(춘추전국시대, 서기전 770~서기전 221년에 공자의 제자들이 썼다고 하는 책) 「정의편」에 따르면 아홉 개 동방 종족은 1-현도, 2-낙랑, 3-고(구)려, 4-만식, 5-부유, 6-소가, 7-동도, 8-왜인, 9-천비라고 한다.

『해동안홍기』(신라 진평왕재위 579~632 때의 승려 안홍과 관련된 책으로 추정)에서 아홉 개의 한은 1-일본, 2-중화, 3-오월, 4-탁라, 5-응유, 6-말갈, 7-단국, 8-여진, 9-예맥이라고 한다.

馬韓
마한

魏志云 魏滿擊朝鮮 朝鮮王準率宮人左右 越海而南至韓地
위지운 위만격조선 조선왕준솔궁인좌우 월해이남지한지
『삼국지』「위지」에 이르기를, 위만이 조선을 공격하니 조선 왕 준은

궁중의 사람들과 좌우 세력을 이끌고 바다 건너 남쪽 한의 땅으로
갔다.

開國號馬韓
개국 호 마한
그곳에 나라를 열고 마한이라고 불렀다.

甄萱上太祖書云 昔馬韓先起 赫世勃興 於是百濟開國於金馬山
견훤상태조서운 석마한선기 혁세발흥 어시백제개국어금마산
후백제(900~936)를 세운 견훤이 우리(고려) 태조에게 쓴 편지에 "예전
에 마한이 먼저 일어났고 그다음에 혁거세가 일어났다. 그리고 그 후
에 백제가 금마산에 나라를 열었다"는 내용이 있다.

崔致遠云 馬韓麗也 辰韓羅也
최치원운 마한려야 진한라야
최치원에 따르면 마한은 고구려이고 진한은 신라이다.

據本紀 則羅先起甲子 麗後起甲申 而此云者 以王準言之耳
거본기 즉라선기갑자 려후기갑신 이차운자 이왕준언지이
『삼국사기』「신라본기』에 의하면 신라가 먼저 갑자년, 서기전 57년
에 일어났고, 고구려는 그 후 갑신년, 서기전 37년에 일어났다고 하
는데, 이것은 (조선에서 한으로 피난을 와서 마한을 세운) 준왕을 염두에
두고 한 말이다.

以此知東明之起 已垃馬韓而因之矣 故稱麗爲馬韓

이차지동명지기 이병마한이인지의 고칭려위마한

이것을 보면 동명왕이 일어난 때는 마한이 이미 병합된 후인 것을 알 수 있다. 이런 까닭에(마한 땅에서 고구려가 일어났으므로) 마한이 고구려라고 하는 것이다.

今人或認金馬山 以馬韓爲百濟者 盖誤濫也

금인혹인금마산 이마한위백제자 개오람야

지금 사람들이 혹은 금마산에서 백제가 일어났다고 하여 백제가 마한이라고 하는데, 이것은 잘못이다.

麗地自有邑山 故名馬韓也

려지자유읍산 고명마한야

고구려 땅에 원래 (마)읍산이 있어, 이런 까닭에 고구려를 마한이라고 하는 것이다.

四夷 九夷 九韓 穢貊 周禮職方氏 掌四夷九貊者

사이 구이 구한 예맥 주례직방씨 장사이구맥자

사이, 구이, 구한 그리고 예맥이 있다.(중국은 자신을 중심으로 동서남북 사방의 이민족을 모두 오랑캐라고 하였다. 동쪽 오랑캐는 동이, 서쪽 오랑캐는 서융, 남쪽 오랑캐는 남만, 북쪽 오랑캐는 북적이라고 하였다. 시간이 지나면서 이夷는 오랑캐 전체를 부르는 용어로 사용되었다) 『주례』(주나라의 관직제도 및 전국시대 각 나라의 여러 제도 등을 기록한 책)에 따르면 직방씨가 사이와 구맥을 관장했다고 하는데, 이는 곧 직방씨가 동쪽의 이민족을 다스리며 관리했다는 것이다.(또는 동쪽 변방을 관리했다는 뜻이기도 하다)

東夷之種 卽九夷也
동 이 지 종 즉 구 이 야
동이족은 아홉 종족으로 되어 있다.

三國史云 溟州 古穢國 野人耕田 得穢王印 獻之
삼 국 사 운 명 주 고 예 국 야 인 경 전 득 예 왕 인 헌 지
삼국사에 따르면 명주는 옛날 예나라 땅이었다. 한 백성이 밭을 갈다가 예 왕이 쓰던 도장(왕들이 사용하던 옥새)을 발견해서 나라에 바쳤다고 한다.

又春州 古牛首州 古貊國
우 춘 주 고 우 수 주 고 맥 국
또 춘주는 옛날 우수주였는데, 그 이전에는 맥나라였다.(고려시대 춘주는 이전 고구려시대에는 우수주라고 불렸는데, 고구려 이전에는 맥나라 땅이었다)

又或云 今朔州 是貊國 或平壤城爲貊國
우 혹 운 금 삭 주 시 맥 국 혹 평 양 성 위 맥 국
혹은 지금의 삭주가 맥나라였다고 하고 혹은 평양성이 맥나라였다고도 한다.

淮南子注云 東方之夷九種 論語正義云 九夷者
회남자주운 동방지이구종 논어정의운 구이자

회남 왕 유안이 저술했다는 『회남자』의 설명에 따르면, 동방에 사는 이민족은 아홉 종족이 있다고 한다. 『논어』「정의편」에 따르면 아홉 개의 동방 이민족은

一玄菟 二樂浪 三高麗 四滿飾 五鳧臾 六素家 七東屠 八倭人 九天鄙
1현도 2낙랑 3고려 4만식 5부유 6소가 7동도 8왜인 9천비
1-현도, 2-낙랑, 3-고(구)려, 4-만식, 5-부유, 6-소가, 7-동도, 8-왜인, 9-천비라고 한다.

海東安弘記云 九韓者
해동안홍기운 구한자

『해동안홍기』(신라 진평왕대의 승려로 알려진 안홍에 대한 글로 추정)에 따르면 아홉 개의 한韓은

一日本 二中華 三吳越 四乇羅 五鷹遊 六靺鞨 七丹國 八女眞 九穢貊
1일본 2중화 3오월 4탁라 5응유 6말갈 7단국 8여진 9예맥
1-일본, 2-중화, 3-오월, 4-탁라, 5-응유, 6-말갈, 7-단국, 8-여진, 9-예맥이다.

● 두 개의 부

『전한서』에 따르면 전한前漢 8대 황제 소제昭帝(출생 서기전 94, 재위 서기전 87~서기전 74) 시원 5년, 서기전 82년에 두 개의 외부外府를 두었는데, 이것은 조선의 옛 땅인 평나와 현도군 등을 합쳐 평주도독부平州都督府를 만들고, 임둔과 낙랑 등 두 개의 군을 합쳐 동부도위부東部都尉府로 만든 것을 말한다. 즉 행정제도의 변화로 4개의 군郡을 2개씩 합쳐 2개의 부로 만든 것이다. 내(일연) 생각에, 「조선전」에는 진번, 현도, 임둔, 낙랑 등의 4개의 군으로 되어 있는데, 여기 「소제편」 기사에는 진번이라는 이름은 없고 평나가 있으니 한 지역을 2개의 이름으로 부른 듯하다.

二府

2부

2개의 부

前漢書 昭帝始元五年己亥 置二外府

전한서 소제시원오년기해 치이외부

『전한서』에 따르면 소제(한나라의 제8대 황제, 재위 서기전 87~서기전 74)
시원 5년 기해년, 서기전 82년에 2개의 외부를 설치했다.

謂朝鮮舊地平那及玄菟郡等 爲平州都督府

위조선구지평나급현도군등 위평주도독부

하나는 조선의 옛 땅인 평나군과 현도군을 평주도독부로 한 것이다.

臨屯樂浪等兩郡之地 置東部都尉府

임둔낙랑등양군지지 치동부도위부

또 다른 하나는 옛 임둔과 낙랑 등 2개의 군을 동부도위부로 설치한
것이다.

私曰 朝鮮傳則眞番玄菟臨屯樂浪等四 今有平那無眞番 盖一地二名也

사왈 조선전즉진번현도임둔낙랑등사 금유평나무진번 개일지이명야

*내(일연) 생각은 이렇다. 「조선전」에는 진번, 현도, 임둔, 낙랑 등 4개
의 군이 있는데, 여기에선 진번은 없고 대신 평나가 있으니, 아마도
한 지명을 두 개의 이름으로 부른 듯하다.*

● 72개의 나라

『통전』(당나라 두우가 766년 시작하여 30여 년 만에 완성하였으며, 이후 계속 증편)에 이르기를, 조선이 망하고 그 유민들이 흩어져 나누어진 채 70여 개의 나라가 되었는데, 그들의 땅은 모두 각각 사방 100여 리(40km 정도)나 되었다고 한다.

중국 송나라의 범엽(398~445)이 편찬한 『후한서』에 이러한 기록이 있다. "서한(유방이 세운 전한을 부르는 다른 이름. 한의 신하였던 왕망이 신新나라8~23를 세워 유 씨의 한나라가 망했으나, 다시 유방의 후손인 유수재위 25~57가 광무제로 즉위하면서 한나라를 계승하였다. 왕망이 세운 신나라 이전을 전한前漢, 서기전 202~서기 8 또는 도읍이 서쪽에 있었다 하여 서한西漢이라고 하고, 유수부터 시작하는 한나라를 후한後漢, 25~220 또는 도읍이 동쪽에 있었다고 하여 동한東漢이라고 부른다)이 조선의 옛 땅에 처음에 4개의 군郡을 설치하였다가 나중에 2부二府 체제로 바꿨다. 법령이 점차 복잡해지자 그것을 나누어 78개의 나라로 만들었다. 각 나라마다 1만 호씩이다. 마한은 서쪽에 있는데 54개의 작은 마을로 되어 있다. 각각 모두 나라라고 말한다. 진한은 동쪽에 있는데 12개의 작은 마을들이다. 진한의 소국들도 모두 나라라고 말한다. 변한은 남쪽에 있는데 12개의 작은 마을들이다. 이들도 모두 나라라고 말한다."

七十二國

72국

72개의 나라

通典云 朝鮮之遺民 分爲七十餘國 皆地方百里

통전운 조선지유민 분위칠십여국 개지방백리

『통전』(당나라 두우735~812가 지은 통사)에 의하면, 조선의 유민(멸망한 나라의 백성)들이 나누어져 70여 개의 나라를 이루고 살았는데, 모두 사방 100여 리(40km 정도)나 되었다.

後漢書云 西漢以朝鮮舊地 初置爲四郡 後置二府

후한서운 서한이조선구지 초치위사군 후치이부

남송(420~478)시대에 기록된 『후한서』에 따르면, 서한이 조선의 옛 땅에 처음에 네 개의 군을 설치했다가 나중에 바꾸어 두 개의 부로 만들었다.

法令漸煩 分爲七十八國 各萬戶

법령점번 분위칠십팔국 각만호

그러다가 법령이 갈수록 점점 번잡해지면서 그것을 나누어 78개의 나라로 만들었는데, 나라마다 각각 1만 가구나 되었다.

馬韓在西 有五十四小邑 皆稱國 辰韓在東 有十二小邑 稱國

마한재서 유오십사소읍 개칭국 진한재동 유십이소읍 칭국

마한은 서쪽에 있고 54개의 작은 마을이 있는데, 저마다 모두 나라라고 말한다. 진한은 동쪽에 있고 12개의 작은 마을이 있는데, 나라라고 말한다.

卞韓在南 有十二小邑 各稱國

변한재남 유십이소읍 각칭국

변한은 남쪽에 있고 12개의 작은 마을이 있다. 각각 모두 나라라고 말한다.

● 낙랑국

전한(서기전 202~서기 8)시대에 처음으로 낙랑군을 설치하였다. 후한(25~220) 말기 사람 응소는 "낙랑군은 옛날 조선이라는 나라였다"고 하였다.

1060년 무렵 송나라에서 편찬한『신당서新唐書』에 평양성은 옛 한나라의 낙랑군이라고 설명하고 있다.

『삼국사기』에 다음과 같은 기록이 있다.

"신라 혁거세가 즉위한 지 30년째 되는 해에 낙랑 사람들이 신라에 항복해 왔다." "신라 3대 노례왕 4년에 고구려 3대 왕 무휼, 즉 대무신왕이 낙랑을 쳐서 멸망시키니 낙랑 사람들이 북대방이라고도 불리는 대방 사람들과 함께 신라에 항복해 왔다."

"무휼왕 27년(44)에 후한 광무제가 사신을 보내 낙랑을 치고 그 땅을 빼앗아 한나라의 군현으로 설치하니 살수 이남의 땅이 한나라에 예속되었다."

위 기록에 따르면 낙랑이 곧 평양성이다. 누구는 낙랑의 중두산 아래가 말갈과의 경계이고 살수는 곧 대동강이라고 한다. 어느 것이 맞는지 모르겠다.

또 백제 온조왕은 동쪽에 낙랑이 있고 북쪽에 말갈이 있다고 말하였는데, 이것을 보면 옛날 한나라 때 (낙랑국은) 낙랑군에 속한 현縣(옛 지방 행정 단위)이었던 것 같다. 신라 사람들 역시 자신들을 낙랑 사람이라고 말한다. 그래서 우리 고려에서도 신라 사람들을 낙랑 사내, 낙랑 사람이라고 부른다. 이런 연유로 태조(왕건)께서 따님을 김부(신라의 경순왕)에게 시집보내실 때도 역시 낙랑공주라고 불렀다.

樂浪國
낙랑국

前漢時 始置樂浪郡 應邵曰 故朝鮮國也
전한시 시치낙랑군 응소왈 고조선국야
전한시대에 처음으로 낙랑군이 설치되었다. 응소(190~200년경 활동한 후한시대 관리)는 낙랑군은 옛날에 조선이었다고 하였다.

新唐書注云 平壤城 古漢之樂浪郡也
신당서주운 평양성 고한지낙랑군야
『신당서』(1060년 송宋나라에서 완성한 당나라 역사책)의 해석에 따르면 평양성은 옛날 한나라의 낙랑군이라고 한다.

國史云 赫居世三十年 樂浪人來投

국사운 혁거세삼십년 낙랑인래투

국사(삼국사기)에 따르면 신라 혁거세왕 30년에 낙랑 사람들이 항복해 왔다고 한다.

又弟三弩禮王四年 高麗第三無恤王 伐樂浪滅之

우제삼 노례왕사년 고려제삼무휼왕 벌낙랑멸지

또 신라 제3대 노례왕(유리이사금) 4년, 서기 27년에 고구려 제3대 무휼왕(대무신왕)이 낙랑을 정벌하여 멸망시켰다고 한다.

其國人與帶方 *北帶方* 投于羅

기국인여대방 북대방 투우라

(고구려 무휼왕이 낙랑을 멸망시키자) 그 나라 낙랑 사람들이 대방, *대방을 북대방이라고도 한다,* 사람들과 함께 신라에 항복해 왔다고 한다.

又無恤王二十七年 光虎帝遣使伐樂浪 取其地爲郡縣 薩水以南屬漢

우무휼왕이십칠년 광호제견사벌낙랑 취기지위군현 살수이남속한

또 무휼왕(대무신왕) 27년(44)에는 후한 광무제(재위 25~57)가 사신을 보내 낙랑국을 정벌하게 하고 그 지역을 군현(지방 행정 단위)으로 삼았다고 한다. 그렇게 살수 남쪽이 한나라에 속하게 되었다.

據上諸文 樂浪卽平壤城 宜矣

거상제문 낙랑즉평양성 의의

위의 글을 근거로 보면 낙랑이 곧 평양성이다.

或云樂浪中頭山下靺鞨之界 薩水今大同江也 未詳孰是

혹 운 낙 랑 중 두 산 하 말 갈 지 계 살 수 금 대 동 강 야 미 상 숙 시

누구는 낙랑이 중두산 아래의 말갈과 경계 지역이라고 하고 살수는
지금의 대동강이라고 한다. 어느 것이 맞는지 모르겠다.

又百濟溫祚之言 曰東有樂浪 北有靺鞨

우 백 제 온 조 지 언 왈 동 유 낙 랑 북 유 말 갈

또 백제 온조왕은 "우리 동쪽엔 낙랑이 있고 북쪽엔 말갈이 있다"고
말했다.

則殆古漢時樂浪郡之屬縣之地也

즉 태 고 한 시 낙 랑 군 지 속 현 지 지 야

이러한 말로 보아 (낙랑국은) 옛날 한나라 때 낙랑군에 속했던 현縣이
었던 것 같다.

新羅人亦以稱樂浪 故今本朝亦因之 而稱樂浪郡夫人

신 라 인 여 이 칭 낙 랑 고 금 본 조 여 인 지 이 칭 낙 랑 군 부 인

신라 사람들 또한 자신들을 낙랑 사람이라고 말한다. 그래서 지금 본조

(고려)에서도 역시 신라 사람들을 낙랑 사내, 낙랑 사람이라고 부른다.

又太祖降女於金傅 亦曰樂浪公主
우태조강녀어김부　역왈낙랑공주

또 태조(왕건)께서 따님을 김부(신라 경순왕)에게 시집보내시면서 그 딸
을 역시 낙랑공주라고 불렀다.(신라 사람=낙랑 사람인 김부에게 시집갔기
때문)

● 북대방

　북대방은 원래 죽담성이다. 신라 노례왕(유리이사금) 4년(27)에 대방 사람들이 낙랑 사람들과 함께 신라에 항복해 왔다. 대방과 낙랑은 모두 전한시대 때 설치한 두 개의 군에 불과했는데, 이후에 대방과 낙랑 사람들이 자기들끼리 나라라고 칭한 것이다. 이 대방과 낙랑이 신라에 항복한 것이다.

北帶方
북대방

北帶方 本竹覃城 新羅弩禮王四年 帶方人與樂浪人投于羅
북대방 본죽담성 신라노례왕사년 대방인여낙랑인투우라
북대방은 원래 죽담성이었다. 신라 노례왕 4년(27)에 대방인과 함께 낙랑 사람들이 신라에 항복했다.

此皆前漢所置二郡名 其後僭稱國 今來降
차개전한소치이군명 기후참칭국 금내항

이들은 모두 전한시대에 설치한 두 개의 군(대방군, 낙랑군)이었는데, 그 후에 자기들끼리 나라(대방국, 낙랑국)라고 칭하였다. 이들이 항복한 것이다.

● 남대방

조조로부터 시작된 위나라를 조 씨의 위나라라고 하여 조위曹魏(220
~264)라고 한다.(중국에는 위나라가 여러 개 있어 조위, 북위, 동위 등으로
구별하여 부른다) 남대방군은 조위의 시대에 처음 설치된 것으로 지금
은 남원부라고 부른다. 대방군의 남쪽으로는 바닷물이 천 리(400km 정
도)나 된다. 그 바다를 한해瀚海라고 부른다.

후한시대(25~220) 건안 연간(196~220)에 마한 남쪽의 황무지를 대
방군으로 삼았다. 왜와 한이 마침내 예속되었다는 것은 이것을 말하는
것이다.

南帶方
남대방

曹魏時 始置南帶方郡 今南原府 故云 帶方之南海水千里 曰瀚海
조위시 시치남대방군 금남원부 고운 대방지남해수천리 왈한해
조위曹魏(220~264) 시대에 처음으로 남대방군을 설치하였다. *지금은 남*

원부라고 한다. 대방의 남쪽은 바닷물이 천 리(400km 정도)나 이어진 다. 그 바다를 한해라고 한다.

後漢建安中 以馬韓南荒地爲帶方郡 倭韓遂屬 是也

후한건안중 이마한남황지위대방군 왜한수속 시야

후한後漢(25~220) 건안(연호 이름, 196~220) 연간에 마한 남쪽에 있는 황무지를 점령해 대방군으로 삼았다. 왜와 한이 마침내 예속되었다 는 것이 이것이다.

● 말갈, 물길과 발해

말갈은 다른 말로 물길이라고도 한다.(말갈은 종족 이름으로 널리 알려졌는데, 말갈·물길은 같은 종족으로 시기에 따라 다른 이름으로 불린 것이다. 말갈·물길·발해가 모두 같은 종족임을 나타낸다. 한국의 예·맥·고려·조선이 같은 민족인 것과 같은 것이다)

『통전』에는 다음과 같은 내용이 있다.

"발해는 본래 속말말갈이다. 발해의 우두머리 대조영이 나라를 세우고 스스로 나라 이름을 진단이라고 하였다. 중국 당나라 현종재위 712~756 선천(연호) 임자년(713)부터 말갈이라는 이름을 버리고, 오직 발해라는 이름만 사용하였다.(당 현종은 즉위하자 곧 변방에서 왕을 지칭하던 대조영을 이웃 나라의 왕으로 인정하였다. 칙서를 주고받으며 발해왕으로 책봉하였고, 이로부터 말갈은 발해라는 이름만을 사용하게 되었다) 개원 7년, 즉 719년에 대조영이 죽자 시호에 '높다, 크다, 뛰어나다'는 뜻을 담아 고왕高王이라고 하였다.

세자가 제2대 무왕으로 왕위를 계승하였다. 당나라 명황明皇 현종은

그를 새 발해왕으로 책봉하여 대조영의 계승을 인정하였다. 이때에 이
르러 나라의 위세가 더욱 강해져 스스로 연호를 바꾸었다. (중국에서는
발해를) 동쪽의 강국이라는 해동성국海東盛國으로 부르기도 했다. 발해
는 행정구역을 5개의 경京과 15개의 부府와 62개의 주州로 나누어 관
리하였다. 후당後唐 천성 초(926) 거란의 공격으로 나라가 파괴되었다.
그 후로 발해는 거란의 지배를 받았다."

삼국사에 이렇게 전한다.
"의봉(676년부터 679년까지 사용한 연호) 3년 당나라 고종재위 649~683
무인년(678)에 옛 고구려의 잔당들이 북쪽 태백산 아래 모여 서로 의
지하더니 나라를 세워 발해라고 하였다. 개원 20년 사이(732~733) 당
나라 명황(현종)이 장군을 보내 발해를 토벌하라고 명하였다. 또 신라
성덕왕 32년, 당나라 현종 갑술년(734)에 발해와 말갈이 바다를 건너
당나라의 등주를 공격하기도 하였다. 현종이 물리쳤다."

또 신라고기에 나오는 발해(698~926) 이야기는 다음과 같다.
"고구려의 옛 장수 조영의 성은 대 씨이다. 고구려(서기전 37~서기
668)가 망한 후 대조영은 잔병들을 모아 태백산 남쪽에 나라를 세우고
나라 이름을 발해라고 하였다."

위의 여러 기록들을 보면 발해는 곧 말갈의 다른 종족이다. 다만 때
에 따라서 갈라지거나 합쳤던 것뿐이다.(말갈의 명칭은 시대마다 다르게

나타나고 있다. 주나라 시대에는 숙신이라 했고, 한나라 시대에는 읍루라 했으며, 후위 시대에는 물길이라고 불렀다는 것이 여러 사서를 통해 나타난다)

『지장도指掌圖』(11세기 편찬된 지리서)에 따르면 "발해는 만리장성 동북쪽 귀퉁이 바깥에 있다"고 한다. 당나라의 정치가이면서 지리학자인 가탐730~805이 남긴 『군국지郡國志』에 따르면 "발해의 압록, 남해, 부여, 추성 등 4개의 부는 모두 옛 고구려 땅이다. 신라 천정군에서부터 발해 추성부에 이르기까지는 39개의 역이 있다"고 한다. 지리지에 삭주 소속의 천정군이 있는데 지금의 용주를 말하는 것이다.

또 삼국사 기록에는 "백제 말년에 발해와 말갈과 신라가 백제의 땅을 나누어 가졌다"고 한다. 그렇다면 이즈음에는 또 말갈과 발해가 나누어져 두 나라로 분리되어 있었던 것이다.

신라 사람들은 이렇게 말한다.
"북쪽에 말갈이 있고, 남쪽에 왜인이 있고, 서쪽에 백제가 있는데 이들은 모두 나라에 해가 된다. 말갈의 땅은 아슬라주(현재 강원도 강릉시 일대로 추정)와 접해 있다."

또 「동명기」에 전하길 "졸본은 말갈과 접해 있다"고 하는데 "혹자는 말갈이 지금의 동진"이라고도 한다.

신라 제6대 지마왕재위 112~134 13년, 을축년(125)에 말갈의 군사가 크게 몰려와 북쪽 국경을 침략하여 대령에 쌓은 목책을 공격하고 니하를 지나갔다고 한다.

『후위서』(중국 남북조시대 여러 나라 중 하나인 북제北齊, 550~577의 위수魏收가 북위北魏, 386~534의 역사를 서술한 책)에는 말갈을 물길이라고 하였다. 『지장도』에 따르면 읍루와 물길은 모두 숙신이라고 한다. 북송北宋, 960~1127 사람 소동파소식, 1037~1101가 편집한 『지장도』에서 흑수, 옥저는 진한 북쪽 남북으로 흑수가 있다고 하였다.

살펴보면, 고구려 동명제 10년(서기전 28)에 북옥저를 멸망시켰다는 기록이 있고, 백제 온조왕 42년(23)에 남옥저의 20여 가구가 투항했다는 기록이 있다. 또 신라의 혁거세 53년(서기전 5)에는 동옥저가 와서 좋은 말을 바쳤다는 기록이 있으니, 북옥저와 남옥저 외에 또 동옥저도 있었던 것이다.『지장도』에 따르면, 흑수는 만리장성 북쪽에 있고 옥저는 만리장성 남쪽에 있다고 한다.

靺鞨　一作 勿吉 渤海
말갈 일작 물길 발해
말갈과 발해, 말갈은 물길이라고도 한다.

通典云 渤海 本粟末靺鞨 至其酋祚榮立國 自號震旦
통전운 발해 본속말말갈 지기추 조영입국 자호진단

『통전』에 의하면 발해는 원래 속말말갈이라고 한다.

그들의 우두머리 대조영이 나라를 세워 나라 이름을 진단이라고
했다.

先天中玄宗壬子 始去靺鞨號 專稱渤海 開元七年己未祚榮死 諡爲高王
선천중 현종임자 시거말갈호 전칭발해 개원7년 기미 조영사 시위고왕

선천 연간 현종 *임자년(712)*에 말갈이라는 이름을 버리고 오직 발해라
고만 불렀다.(당과 정식 국교를 맺으며 발해라고 하였다) 개원 7년 *기미년
(719)*에 대조영이 죽자 시호를 고왕이라고 하였다.

世子襲立 明皇賜典冊襲王 私改年號 遂爲海東盛國
세자습립 명황사전책습왕 사개연호 수위해동성국

세자가 왕위를 계승하였다. 당나라 명황, 현종재위 712~756은 발해의 왕
위 계승을 인정하였다. 새 왕(제2대 무왕)은 사사로이 연호를 바꾸고(당
시 당나라가 쓰는 연호를 주변 국가에서 사용했는데 발해는 독자적인 연호를
정해 썼다. 나라의 위세가 강해진 것을 의미한다) 마침내 해동에서 크게 번
창한 나라가 되었다.

地有五京 十五府 六十二州
지유오경 십오부 육십이주

발해는 행정구역을 5개의 경과 15개의 부와 62개의 주로 조직하
였다.

後唐天成初 契丹攻破之 其後爲丹所制

후당천성초 거란공파지 기후위란소제

후당 천성 초(926)에 거란의 공격으로 나라가 파괴되었다. 그 후로 거란의 지배를 받게 되었다.

三國史云 儀鳳三年 高宗戊寅 高麗殘孽類聚 北依太伯山下 國號渤海

삼국사운 의봉3년 고종무인 고려잔얼유취 북의태백산하 국호발해

삼국사에 따르면 의봉 3년 고종(당나라 황제) 무인년(678) 때, 멸망한 고려(고구려이다. 서기전 37~서기 668 고대 사서에서 고구려는 흔히 고려로 기록되었다)의 남은 무리들이 모여 북쪽의 태백산 아래를 근거지로 삼고 국호를 발해라고 하였다.

開元二十年間明皇遣將討之

개원이십년간명황견장토지

개원 20년 사이(732~733)에 명황(현종)이 장군을 보내 발해를 토벌하게 하였다.

又聖德王三十二年 玄宗甲戌 渤海靺鞨 越海侵唐之登州 玄宗討之

우성덕왕삼십이년 현종갑술 발해말갈 월해침당지등주 현종토지

또 (신라) 성덕왕 32년인 (당나라) 현종 갑술년(734)에는 발해와 말갈이 바다를 건너 당나라의 등주를 침략했다. 현종이 물리쳤다.

又新羅古記云 高麗舊將祚榮姓大氏 聚殘兵 立國於太伯山南 國號渤海

우신라고기운 고려구장조영성대씨 취잔병 입국어태백산남 국호발해

신라고기에 따르면 고구려의 옛 장수 조영의 성은 대 씨이다. 대조영이 잔병들을 모아 태백산 남쪽에 나라를 세우고 나라 이름을 발해라고 하였다.

按上諸文 渤海乃靺鞨之別種 但開合不同而已

안상제문 발해내말갈지별종 단개합부동이이

위의 여러 글들을 살펴보면 발해는 곧 말갈의 다른 종족이다. 다만 어떤 때 나누어지고 어떤 때 합해진 차이가 있을 뿐이다.(말갈 종족의 명칭은 사료에 여러 개로 나온다. 동방 종족이 9개로 분리되어 설명되듯이 말갈도 속말말갈, 백산말갈, 백돌말갈, 흑수말갈 등의 여러 이름이 보이며, 시대에 따라서도 이름이 다르다. 주나라 때는 숙신, 한나라 때는 읍루, 후위 때는 물길이라고 불렀다)

按指掌圖 渤海在長城東北角外

안지장도 발해재장성동북각외

『지장도』에 의하면 발해는 만리장성 동북쪽 귀퉁이 바깥에 있다고 한다.

賈耽郡國志云 渤海國之鴨淥南海扶餘柵城四府 竝是高麗舊地也

가탐군국지운 발해국지압록남해부여성사부 병시고려구지야

(당나라의 정치가이자 지리학자) 가탐730~805이 지은 『군국지』에 따르면,

발해의 압록·남해·부여·추성 등 4개의 부는 모두 고구려의 옛 땅이다.

自新羅泉井郡 至柵城府 三十九驛 *地理志 朔州領縣有泉井郡 今湧州*
자신라천정군 지추성부 삼십구역 *지리지 삭주령현유천정군 금용주*
신라 천정군에서부터 추성부에 이르기까지 39개의 역이 있다. 『지리
지』에 따르면, 삭주가 다스리는 고을에 천정군이 있는데, 지금의 용주
이다.

又三國史云 百濟末年 渤海靺鞨新羅 分百濟地
우삼국사운 백제말년 발해말갈신라 분백제지
또 삼국사에 따르면 백제 말년에 발해와 말갈과 신라가 백제의 땅을
나누어 가졌다고 한다.

據此 則鞨海又分爲二國也
거차 즉갈해우분위이국야
위의 사실을 근거로 하면 (말갈과 발해 두 나라가 동시에 나오는 것), 발
해와 말갈이 다시 또 나누어져 두 나라가 된 것이다.

羅人云 北有靺鞨 南有倭人 西有百濟 是國之害也 又靺鞨地接阿瑟羅州
라인운 북유말갈 남유왜인 서유백제 시국지해야 우말갈지접아슬라주
신라 사람들 말에 북쪽에 말갈이 있고, 남쪽에 왜인이 있고, 서쪽에
백제가 있는데 이들은 모두 나라에 해가 된다고 하였다. 말갈 지역은
아슬라주와 접해 있다.

又東明記云 卒本城地連靺鞨 　或云今東眞

우동명기운 졸본성지연말갈 　혹운금동진

또 「동명왕기」에는 졸본성이 말갈 지역과 연결되어 있다고 한다. 혹자
는 *말갈이 지금의 동진이라고 한다.*

羅第六祇麻王十四年 　乙丑 靺鞨兵大入北境 襲大嶺柵 過泥河

라제육지마왕십사년 　을축 　말갈병대입북경 습대령책 　과니하

신라 제6대 지마왕재위 112~134 14년 을축년(125)에 말갈의 군사가 크
게 몰려와서 북쪽 국경을 침략했다. 대령 목책을 습격하고 니하 지역
을 지나갔다.

後魏書 靺鞨作勿吉 指掌圖云 挹屢與勿吉皆肅愼也

후위서 말갈작물길 지장도운 읍루여물길개숙신야

『후위서』(북제北齊, 550~577의 위수魏收가 북위北魏, 386~534의 역사를 서술한
책)에는 말갈을 물길이라고 하였다.『지장도』에서는 읍루와 물길을 모
두 숙신이라고 한다.

黑水 沃沮 按東坡指掌圖 辰韓之北 有南北黑水

흑수 옥저 안동파지장도 진한지북 유남북흑수

흑수, 옥저에 대하여 동파(소동파. 본명 소식, 1037~1101)가 편찬한
『지장도』에 따르면 진한 북쪽 남북으로 흑수가 있다고 한다.

按東明帝立十年 滅北沃沮

안동명제립십년 멸북옥저

살펴보니 동명제는 즉위 10년, 서기전 28년에 북옥저를 멸망시켰다.

溫祚王四十二年 南沃沮二十餘家來投百濟

온조왕사십이년 남옥저이십여가래투백제

온조왕 42년, 23년에 남옥저 20여 가구가 백제에 투항하였다.

又赫居世五十三年 東沃沮來獻良馬 則又有東沃沮矣

우혁거세오십삼년 동옥저래헌양마 즉우유동옥저의

또 혁거세왕 53년, 서기전 5년에 동옥저가 와서 좋은 말을 바쳤다고
하니, (이러한 것으로 보아 북옥저와 남옥저 외에) 동옥저도 있었던 것이다.

指掌圖 黑水在長城北 沃沮在長城南

지장도 흑수재장성북 옥저재장성남

『지장도』 기록에 따르면, 흑수는 만리장성 북쪽에, 옥저는 만리장성
남쪽에 있다.

● 이서국

신라 노례왕(제3대 유리이사금, 재위 24~57) 14년(37)에 이서국(현재 경상북도 청도군에 있었던 진한 여러 소국 중의 하나) 사람들이 금성을 공격하였다.

운문사 절에서 예로부터 전해 오는 '제사납전기諸 모든·간수하다 제, 寺절·관청 사, 納 바치다·거두다 납, 田 밭 전, 記 기록할 기'에 따르면, 정관(당나라 태종이 쓰던 연호) 6년 임진년(632)에 이서군 금오촌 영미사에서 밭을 바쳤다는 기록이 있다. (이것으로 보아) 곧 금오촌이 지금의 청도 땅이다. 다시 말하면 청도군이 곧 옛날의 이서군이며 곧 이서국이다.

伊西國
이서국

弩禮王十四年 伊西國人來攻金城
노례왕십사년 이서국인래공금성
신라 노례왕 14년(37)에 이서국(진한 여러 소국 중의 하나) 사람들이 금성을 공격하였다.

按雲門寺古傳諸寺納田記云 貞觀六年壬辰 伊西郡今郚村零味寺納田
안운문사고전제사납전기운 정관육년임진 이서군금오촌영미사납전
운문사 절에서 오래전부터 전해 오는 제사납전기諸 모든·간수하다 제, 寺 절·
관청 사, 納 바치다·거두다 납, 田 밭 전, 記 기록할 기의 기록에 의하면, 정관 6년
임진년(632)에 이서군 금오촌 영미사에서 밭을 바쳤다고 한다.

則今郚村今淸道地 卽淸道郡 古伊西郡
즉금오촌금청도지 즉청도군 고이서군
곧 금오촌이 지금의 청도이다. 다시 말하면, 청도군이 옛날의 이서군
이다.(이서군이 곧 이서국이다)

● 다섯 가야

가야의 역사를 기록한 『가락기駕洛記』에 다음과 같은 내용이 있다.

"한 가닥 자줏빛 노끈이 하늘에서 내려오더니 여섯 개의 둥근 알이 내려왔다. 다섯 고을에 각각 한 개씩 나누어 주고 한 개는 성에 남겼다. 성에 남겨진 알에서 수로왕이 나왔다. 다섯 개의 알에서도 각각 사람이 나와 각 고을의 주인이 되었다."

『가락기』에 따르면 수로왕이 주인이 된 금관가야는 당연히 다섯 가야에 속하지 않는다. 그런데 우리 고려 사략史略에서 금관가야도 다섯 가야에 포함시키고 이를 창녕이라고 함부로 쓰니 이것은 잘못이다.(다섯 개의 가야 외에 금관가야가 더 있는 것이다)

다섯 개의 가야는 다음과 같다. 1. 아라阿羅가야, 라羅는 야耶라고도 하니 아야가야이다.(고려시대 지명은 함안으로 현재 경상남도 함안군 일대로 추정) 2. 고령가야(고려시대 지명은 함녕으로 현재 경상북도 상주시 함창읍 일대로 추정) 3. 대가야(고려시대 지명은 고령, 현재 경상북도 고령군 일대로 추정) 4. 성산가야(고려시대 지명은 경산, 혹은 벽진이라고도 한다. 현재 경상

북도 성주군 일대로 추정) 5. 소가야(고려시대 지명은 고성으로 현재 경상남도 고성군으로 추정)

우리 고려 사략에 다음과 같은 내용이 있다.

"태조 천복(후진後晉, 936~943에서 사용한 연호. 당시 고려는 후진과 교통하며 연호를 같이 썼다) 5년 경자년(940)에 다섯 가야의 이름을 바꾸었다. (고려가 936년 후삼국을 통일하고 행정제도를 재정비함) 첫째로 금관가야는 김해부라고 하였다. 둘째로 고령가야는 가리현이라 하였다. 셋째는 비화로 지금의 창녕인데 고령을 잘못 쓴 것 같다. 나머지 둘은 아라와 성산이다. 성산은 위에서 말한 바와 같이 벽진가야라고도 한다."

五伽耶
오가야

五伽耶　按駕洛記贊云　垂一紫纓　下六圓卵　五歸各邑　一在玆城
오가야　안가락기찬운　수일자영　하육원란　오귀각읍　일재자성

다섯 개의 가야이다. 『가락기』에 따르면 한 줄기 자주색 노끈이 하늘에서부터 드리워져 내려오더니 여섯 개의 둥근 알이 내려왔다. 다섯 개를 각 고을에 하나씩 주고 하나만 성에 남겼다.

則一爲首露王　餘五各爲五伽耶之主　金官不入五數　當矣
즉일위수로왕　여오각위오가야지주　금관불입오수　당의

성에 남은 하나가 곧 수로왕이 되었다. 나머지 다섯 개는 각각 다섯 가야의 주인이 되었다. (수로왕의) 금관가야는 다섯 가야의 수에 들어가지 않는 것이 당연하다.

而本朝史略 竝數金官 而濫記昌寧 誤
이본 조사략 병수금관 이람기창녕 오
우리나라(고려) 사략에 금관가야를 오가야에 포함시켜 쓰면서 이것이 창녕이라고 함부로 쓰는 것은 잘못이다.

阿羅 一作耶 伽耶 今咸安 古寧伽耶 今咸寧
아라 일작야 가야 금함안 고령가야 금함녕
아라가야, 라는 야라고도 하니 아야가야라고도 한다. 지금의 함안이다. 고령가야, 지금의 함녕이다.

大伽耶 今高靈 星山伽耶 今京山一云碧珍 小伽耶 今固城
대가야 금고령 성산가야 금경산일운벽진 소가야 금고성
대가야, 지금의 고령이다. 성산가야, 지금의 경산인데 벽진이라고도 한다. 소가야, 지금의 고성이다.

又本朝史略云 太祖天福五年庚子 改五伽耶名
우본 조사략운 태조천복 오년경자 개오가야명
또 우리나라 사략에 따르면 태조 천복(후진後晉, 936~943이 사용하는 연호를 고려에서도 사용하였다) 5년(940)에 다섯 가야의 이름을 바꾸었다.

一金官 *爲金海府*   二古寧 *爲加利縣*   三非火 *今昌寧恐高靈之訛*

l금관 위김해부   2고령위가리현   3비화 금창령공고령지와

첫째 금관가야는 *김해부*로, 둘째 고령가야는 *가리현*으로, 셋째는 비화이다. *지금의 창녕인데 아마도 고령을 잘못 쓴 것 같다.*

餘二 阿羅 星山   *同前 星山或作碧珍伽耶*

여이 아라 성산 동전 성산혹작벽진가야

다른 두 개는 아라와 성산이다. *앞에서 말한 바와 같이 성산은 벽진가야라고도 한다.*

● 북부여

　　고기古記에 따르면 전한前漢(서기전 202~서기 8) 선제 신작 3년 임술
년, 서기전 59년 4월 8일에 하늘임금이 흘승골성에 내려왔다. 흘승골
성은 요나라(916~1125) 의주의 경계에 있는 성이다. 천제가 다섯 마리
용이 이끄는 오룡거를 타고 내려와 도읍을 세우고 왕이 되어 나라 이
름을 북부여라고 하였다.(처음에는 부여라고 하였으며 후에 도읍을 옮기고
북부여, 동부여 등으로 불리게 된 것이다) 자신의 이름은 해모수라고 하였
다. 부여 왕 해모수가 아들을 낳아 이름을 부루라 짓고 해를 성씨로
삼으니 해부루이다. 그 후 왕은 하늘임금 상제의 명을 받들어 도읍을
옮기고 새로 정착한 곳을 동부여라고 하였다.(역사 초기에 절대적인 신격
의 하늘임금을 최고의 존재라는 의미로 상제上帝·천제天帝라고 높여 불렀다. 이
후 나라를 세우는 왕들의 권력이 점점 강해지면서 지위도 높여 처음에 하늘임
금이란 뜻의 상제·천제가 왕 또는 황제를 높여 부르는 단어가 되었다)

　　(해모수가 떠난 북부여에는) 동명제가 나타나 뒤를 이어 북부여를 크게
발전시키며 졸본주에 도읍을 세웠다. 이것을 졸본부여라고 부른다. 졸
본부여의 동명제가 곧 고구려의 시조이다.

北扶餘

북부여

古記云 前漢宣帝神爵三年壬戌 四月八日 天帝降于訖升骨城

고기운 전한선제신작삼년임술 사월팔일 천제강우흘승골성

옛 기록에 따르면 전한前漢(서기전 202~서기 8) 선제 신작 3년 임술년, 서기전 59년 4월 8일에 천제가 하늘에서 내려와 흘승골성에 이르렀다.

在大遼醫州界 乘五龍車 立都稱王 國號北扶餘

재대요의주계 승오룡거 입도칭왕 국호북부여

흘승골성은 요나라(916~1125) 의주 경계에 있다. 다섯 마리 용이 이끄는 수레를 타고 내려와 도읍을 세우고 왕이라 하였다.

自稱名解慕漱 生子名扶婁 以解爲氏焉

자칭명해모수 생자명부루 이해위씨언

자신의 이름을 해모수라고 하였다. 아들을 낳아 부루라 이름 짓고 해를 성씨로 삼았다.(해부루이다)

王後因上帝之命 移都于東扶餘

왕후인상제지명 이도우동부여

왕은 그 후에 하늘에 계신 상제의 명을 받고 (북부여를 떠나) 도읍을 옮겼다. 새 도읍지는 동부여라고 하였다.

東明帝繼北扶餘而興 立都于卒本州

동명제계북부여이흥 입도우졸본주

동명제가 북부여를 계승하여 크게 발전시키고 졸본주에 도읍을 세
웠다.

爲卒本扶餘 卽高句麗之始祖 見下

위졸본부여 즉고구려지시조 견하

이를 졸본부여라고 부른다. 즉 동명제가 고구려의 시조이다. (고구려
시조에 대한 설명은) 아래에 있다.

● 동부여

북부여 왕 해부루의 재상 아란불의 꿈속에 천제가 내려와 말하였다. "앞으로 내 자손으로 하여금 이곳에 나라를 세우게 할 것이니 너는 이곳을 피하라. 동해 물가에 가섭원이라는 곳이 있는데, 흙이 기름지 고 땅도 넓어 왕도를 세울 만하다." 이것은 앞으로 동명왕이 흥기할 조짐이다. 아란불이 해부루왕에게 천제의 말을 전하며 도읍 옮기기를 권하니, 왕이 북부여를 피하여 도읍을 옮기고 나라 이름을 동부여라고 하였다.

동부여로 옮긴 해부루왕은 늙도록 아들이 없었다. 왕은 산천에 제 사를 지내며 후사를 얻게 해달라고 기원하였다. 하루는 왕이 말을 타 고 가다가 곤연에 이르렀는데, 말이 커다란 돌을 바라보며 눈물을 흘 렸다. 왕이 괴이하게 여기고 사람을 시켜 그 돌을 치우게 하였더니 금 빛 개구리 모양을 한 어린아이가 있었다. 왕이 기뻐하며 "이 아이는 하늘이 내게 주시는 후계자로구나" 하면서 거두어 키웠다. 아이 이름 을 금빛 개구리라는 뜻의 금와金 금 금, 蛙 개구리 와라고 지었다. 아이가 자라자 태자로 삼았다.

해부루왕이 죽자 태자였던 금와가 뒤를 이어 왕이 되었다. 금와왕이 죽자 그의 뒤를 이어 태자 대소가 동부여의 왕이 되었다. 지황 3년 임오년(22)에 고구려 왕 무휼(동명왕의 손자. 제3대 대무신왕. 재위 18~44)이 동부여를 정벌하여 왕 대소를 죽였다. 동부여가 없어졌다.

東扶餘
동 부 여

北扶餘王解夫婁之相阿蘭弗 夢 天帝降而謂曰
북 부 여 왕 해 부 루 지 상 아 란 불 몽 천 제 강 이 위 왈
북부여 왕 해부루의 재상 아란불의 꿈속에 천제가 내려와 말하였다.

將使吾子孫 立國於此 汝其避之
장 사 오 자 손 입 국 어 차 여 기 피 지
"앞으로 내 자손으로 하여금 이곳에 나라를 세우게 할 것이다. 너는 이곳을 피하라."

謂東明將興之兆也 東海之濱 有地名迦葉原 土壤膏腴 宜立王都
위 동 명 장 흥 지 조 야 동 해 지 빈 유 지 명 가 섭 원 토 양 고 유 의 립 왕 도
이것은 앞으로 동명왕이 흥기할 조짐을 말한 것이다. "동해 물가에 가섭원이 있는데, 흙이 기름지고 땅이 넓어 능히 왕도를 세울 만한 곳이다."

阿蘭弗勸王 移都於彼 國號東扶餘 夫婁老無子 一日祭山川求嗣
아란불권왕 이도어피 국호동부여 부루노무자 일일제산천구사

아란불이 천제의 말을 전하며 왕에게 도읍 옮기기를 권하니, 왕이 도읍을 옮기고 나라 이름을 동부여라고 하였다. 해부루왕은 늙도록 아들이 없어 산천에 제사를 지내며 후사를 얻게 해달라고 기원하였다.

所乘馬至鯤淵 見大石 相對俠流 王怪之 使人轉其石 有小兒 金色蛙形
소승마지곤연 견대석 상대협류 왕괴지 사인전기석 유소아 금색와형

왕이 말을 타고 곤연에 이르렀을 때, 말이 커다란 돌을 바라보며 눈물을 흘렸다. 해부루왕이 괴이하게 여기고 사람을 시켜 그 큰 돌을 굴려 치우게 했더니, 돌 아래에 금빛 개구리 모양의 어린아이가 있었다.

王喜曰 此乃天賚我令胤乎 乃收而養之 名曰金蛙 及其長 爲太子
왕희왈 차내천뢰아령윤호 내수이양지 명왈금와 급기장 위태자

왕이 기뻐하며 "이 아이는 하늘이 내게 주시는 후계자로구나" 하면서 거두어 키웠다. 이름은 금개구리라는 뜻의 금와金금 금, 蛙개구리 와라고 하였다. 아이가 자라자 태자로 삼았다.

夫婁薨 金蛙嗣位爲王 次傳位于太子帶素
부루훙 금와사위위왕 차전위우태자대소

해부루왕이 죽자 금와가 뒤를 이어 왕이 되었다. 금와왕이 죽자 그의 뒤를 이어 태자 대소가 동부여의 왕이 되었다.

至地皇三年壬午　高麗王無恤伐之　殺王帶素　國除

지지황삼년임오　고려왕무휼벌지　살왕대소　국제

지황 3년 임오년(22)에 고구려 왕 무휼(제3대 대무신왕, 재위 18~44)이 동부여 왕 대소를 죽였다. 나라가 없어졌다.(왕 대소가 죽고 동부여가 없어졌다)

● 고구려

고구려는 곧 졸본부여이다. 혹자는 졸본이 지금의 화주 또는 성주라고 하나 이것은 모두 틀렸다. 졸본은 요동과 경계 지역에 있다.

국사(삼국사기) 「고구려본기」에 따르면 시조 동명성제의 성은 고씨이고 임금의 휘(왕의 이름을 높여 부르는 말)는 주몽이다.

(고구려가 생기기 전에) 먼저 북부여 왕 해부루가 북부여를 피해 새로 동부여를 세웠다. 도읍을 옮긴 후 해부루왕이 죽자 금와가 동부여의 왕위를 계승하였다. 금와왕이 태백산 남쪽 우발수 근처에서 한 여자를 만났다. 왕이 여자에게 (무슨 연유로 그곳에 있는지 사정을) 묻자 여자가 대답하였다. "저는 하백의 딸로 이름은 유화라고 합니다. 여러 동생들과 나와서 놀고 있었는데, 한 남자가 자신은 천제의 아들 해모수라고 하였습니다. 저를 꾀어 웅신산熊神山 아래 압록강 근처의 집에서 정을 통한 후 사라지더니 다시 돌아오지 않았습니다. 부모님은 제가 중매의 예도 없이 남자를 따라갔다고 나무라셨습니다. (그래서 지금) 귀양살이를 하고 있습니다."

단군기壇君記에 의하면, 단군(단군 해모수)이 서하 하백의 딸과 혼인하여 부루를 낳았다고 하는데, 지금 국사(삼국사기) 본기에서는 해모수(단군 해모수)가 하백의 딸과 사사로이 정을 통하여 주몽을 낳았다고 한다. 단군기의 기록과 『삼국사기』의 기록을 따르면 부루와 주몽은 둘다 단군 해모수의 아들로, 아버지는 같고 어머니는 다른 이복형제가 되는 것이다.(일연이 기록한 삼국유사 왕력기王歷記에 의하면 단군은 한 사람의 이름이 아닌 임금이란 뜻으로도 보인다. 왕력기에 따르면 주몽은 단군의 후손, 즉 왕가의 후손이다. 일연은 단군과 해모수를 둘이 아닌 한 사람으로 설명하고 있다)

금와왕은 유화의 말을 기이하게 여기고 궁으로 데려와 깊숙이 가두었다.(앞뒤 문맥으로 보아, 하백의 딸이라면 당시 지위가 높았다는 것이며, 해모수왕과 만나 정을 통했다는 말이 사실이라면 왕족과 관계를 맺은 것이 된다. 일연이 쓴 위의 글들을 그대로 받아들이면, 금와왕은 해부루왕의 자손으로 인정되어 왕이 된 것이고, 해부루왕은 해모수왕의 자손이다. 유화가 해모수왕의 여인이라면 궁에 모셔야 하는 상황인 것이다. 해모수왕이 없는 상황에서 유화 한쪽의 말만 들었으니 금와왕이 믿기 어려워 신중하게 행동한 것이다) 유화가 궁궐에 머물자 햇빛이 그녀를 비추었다. 유화가 햇빛을 피하면 또 따라와 비추었다. 이 일로 유화는 임신을 하더니 알 한 개를 낳았다. 알의 크기가 닷 되(약 3kg 정도로 갓난아이만 한 크기)나 되었다. 왕이 알을 개와 돼지에게 버렸는데 모두 먹지 않았다. 다시 길에 버렸더니 소와 말이 피해 다녔다. 들에 내다 버렸더니 새와 짐승이 와서 덮어주며 보호하였다. 왕이 알을 깨 버리려고 하였으나 깰 수가 없었다. 이에 왕이 그 어머니에게 알을 돌려주었다. 어머니가 물건으로 감싸고 따뜻한 곳에 놓았더니 한 아이가 알껍데기를 깨고 나왔는데, 골격이 반듯하고 생김새가 영특하며 뛰어났다. 나이 겨우 일곱 살에 벌써 뛰어난 지혜와 덕을 갖추어 평범하지 않았다. (어린 나이에) 직접 활과 화살을 만들었으며 쏘기만 하면 백발백중이었다. 나라 풍속에 활 잘 쏘는 사람을 주몽이라고 불렀는데, 이런 연유로 아이 이름이 주몽이 되었다.

금와왕은 일곱 명의 아들이 있었다. 왕자들은 늘 주몽과 함께 놀았는데, 그들의 재주와 능력이 주몽을 따르지 못하였다. 맏아들 대소가 왕에게 말하였다.

"주몽은 사람의 자식이 아닙니다. 만약 일찌감치 없애지 않으면 훗날 어떤 후환이 생길지 두렵습니다." 금와왕은 (주몽을 없애 달라는) 대소의 청을 들어주지 않았으나, 대신 말을 먹이는 천한 일을 시켰다. 주몽은 준마를 알아보고 먹이를 조금 주어 여위게 만들었다. 둔한 말은 잘 먹여 살찌웠다. 금와왕이 살쪄서 튼튼하고 윤기 나는 말은 자기가 타고, 비쩍 마르고 비루한 말은 주몽에게 주었다.

한편, 부여의 왕자들과 신하들이 모두 주몽을 해치려고 하였다. 주몽의 어머니가 이를 알아채고 아들에게 말하였다.

"나라 사람들이 장차 너를 해치려고 한다. 너의 재주라면 어디인들 못 가겠느냐. 서둘러 이곳을 떠나 네가 품은 뜻을 펼치기 바란다."

이에 주몽이 오이 등 세 명의 친구들과 함께 도망쳤다. 그들은 부여의 끝 엄수(강)에 도착하였다. 강가에 도착한 주몽이 물을 향하여 말하였다.

"나는 천제의 아들이며 하백의 외손이다. 지금 달아나 숨으려고 하는데, 쫓는 자들이 벌써 알고 다가오니 이를 어찌하면 좋겠느냐?"

주몽이 말을 마치자 물고기와 자라 떼가 나타나 강 위에 다리를 놓아주었다. 강을 다 건너자 물고기와 자라 떼가 흩어져서 다리가 사라졌다. 추격해 오던 기병들은 강을 건널 수 없었다.

강 건너 현도군의 경계에 있는 졸본주에 도착하였다. 주몽은 마침내 도읍을 정했다. 그러나 아직 궁궐을 지을 형편이 아니었으므로 일행은 우선 비류수 강가에 초가집을 짓고 살았다. 주몽은 나라 이름을 고구려라고 하고 나라 이름 앞의 고高 자를 자신의 성씨로 삼았다. 원래 처음 성은 해 씨였으나 자신은 천제의 아들이고 햇빛을 받아 태어난 하늘의 후손이라는 이유로 높다, 크다, 숭고하다는 뜻의 고高로 성씨를 삼은 것이다. 이때 나이 12세였다.(다른 역사책에서는 모두 22세라고 쓰인 점으로 보아 12세라는 것은 원문의 오기誤記로 보기도 한다) 한나라(서기전 202~서기 8) 효원제 2년 갑신년으로, 서기전 37년에 즉위하여 왕이 되었다. 고구려 전성기 때 가구수는 21만 5백8호였다.

『주림전』(당나라618~907 고종 때 승려인 도세가 668년 완성한 『법원주림法苑珠林』으로 일종의 불교 백과사전) 제21권에 동명왕에 대한 다음과 같은 내용이 있다.

옛날 영품리왕의 시녀가 임신을 하였다. 관상을 보며 점치는 이가 임신한 시녀를 보고 왕에게 말했다.

"배 속에 있는 아이는 귀한 아이로 반드시 왕이 될 것입니다."

왕이 그 말을 듣고 말하였다.

"내 자손이 아닌데 왕이 된다니 죽여야겠다."

그러자 시녀가 왕에게 말하였다.

"하늘의 기운이 쫓아 내려와 그 일로 아이를 배었습니다."

시녀는 마침내 남자아이를 낳았다. 왕은 상서롭지 못하다며 아이를 돼지우리에 버렸다. 돼지들이 입김을 불어주며 따뜻하게 보호하였다. 마구간에 버렸더니 말들이 젖을 먹여 죽지 않았다. 마침내 부여의 왕이 되었다. 이것은 동명제가 졸본부여의 왕이 된 것을 말한다. 이 졸본부여는 북부여의 다른 도읍이므로 동명제 또한 부여의 왕이라고 하는 것이다. 영품리는 부루왕의 다른 이름이다.

高句麗
고구려

高句麗 卽卒本扶餘也 或云今和州 又成州等 皆誤矣 卒本州在遼東界
고구려 즉졸본부여야 혹운금화주 우성주등 개오의 졸본주재요동계
고구려가 곧 졸본부여이다. 지금의 화주 혹은 성주 등이라고 하는데 모두 틀렸다. 졸본주는 요동의 경계에 있다.

國史 高麗本記云 始祖東明聖帝姓高氏 諱朱蒙

국사 고려본기운 시조동명성제성고씨 휘주몽

국사(삼국사기)「고구려본기」에 시조 동명성왕의 성은 고 씨요, 임금의 휘(왕의 이름을 높여 부르는 말)는 주몽이라고 하였다.

先是 北扶餘王解夫婁 旣避地于東扶餘 及夫婁薨 金蛙嗣位

선시 북부여왕해부루 기피지우동부여 급부루훙 금와사위

이보다 먼저, 북부여 왕 해부루는 이미 북부여 땅을 피하여 도읍을 옮기고 동부여를 세웠다. 그 후 부루왕이 죽자 금와가 동부여의 왕위를 이었다.

于時得一女子於太伯山南優渤水 問之

우시득일여자어태백산남우발수 문지

이때 금와왕이 태백산 남쪽 우발수를 지나다 한 여자를 만나 사정을 묻게 되었다.

云 我是河伯之女 名柳花 與諸弟出遊 時有一男子 自言天帝子解慕漱

운 아시하백지녀 명유화 여제제출유 시유일남자 자언천제자해모수

여자가 대답하였다. "저는 하백의 딸이며 이름은 유화라고 합니다. 여러 동생들과 나와 놀고 있는데 한 남자가 와서 자신을 천제의 아들 해모수라고 하였습니다."

誘我於熊神山下 鴨淥邊室中知之 而往不返

유아어웅신산하 압록변실중지지 이왕불반

"저를 꾀어 웅신산 아래 압록강 근처의 집에서 정을 통하고 가더니 다시 오지 않았습니다."

壇君記云 君與西河河伯之女要親 有産子 名曰夫婁

단군기운 군여서하하백지녀요친 유산자 명왈부루

「단군기」에 의하면, 단군(단군 해모수)이 서하 하백의 딸과 가까이하여 아들을 낳아 이름을 부루라고 하였다고 한다.

今按此記 則解慕漱私河伯之女 而後産朱蒙

금안차기 즉해모수사하백지녀 이후산주몽

지금 이 기록에서는(『삼국사기』 「고구려본기」) 해모수(단군 해모수)와 하백의 딸이 사사로이 정을 통하여 낳은 이가 주몽이라고 한다.

壇君記云 産子名曰夫婁 夫婁與朱蒙異母兄弟也

단군기운 산자명왈부루 부루여주몽이모형제야

「단군기」에 의하면 (단군 해모수는 서하 하백의 딸과 친하여) 아들을 낳아 부루라고 하였다. (『삼국사기』 「고구려본기」에서는 하백의 딸과 낳은 아이는 주몽이라 하니) 부루와 주몽은 (둘 다 아버지는 단군 해모수이고) 어머니가 다른 이복형제다.

父母責我無媒而從人 遂謫居于此 金蛙異之 幽閉於室中
부모책아무매이종인 수적거우차 금와이지 유폐어실중
"부모님께서는 제가 중매도 없이 남자를 쫓아갔다고 나무라셨습니다.
그래서 이렇게 귀양살이를 하고 있습니다." 금와왕이 기이하게 여기
고 궁궐 깊숙한 곳에 가두었다.

爲日光所照 引身避之 日影又逐而照之 因而有孕 生一卵 大五升許
위일광소조 인신피지 일영우축이조지 인이유잉 생일란 대오승허
햇빛이 따라와 유화를 비추었다. 유화가 몸을 피하자 햇빛이 또 따
라오면서 비추었다. 이 일로 인하여 임신을 하더니 알을 하나 낳았
는데, 그 크기가 다섯 되 정도나 되었다.(대략 3kg 정도로 갓난아이만
한 크기)

王棄之與犬猪 皆不食 又棄之路 牛馬避之 棄之野 鳥獸覆之
왕기지여견저 개불식 우기지로 우마피지 기지야 조수부지
왕이 (알을) 개와 돼지에게 버렸으나 모두 먹지 않았다. 다시 길에다
버렸더니 소와 말이 피해 다녔다. 들에 버리자 새와 짐승이 와서 덮어
주었다.

王欲剖之而不能破 乃還其母
왕욕부지이불능파 내환기모
왕이 알을 깨려고 하였으나 깰 수가 없었다. 이내 그 어머니에게 돌려

주었다.

母以物裹之 置於暖處 有一兒 破殼而出 骨表英奇
모이물과지 치어난처 유일아 파각이출 골표영기

그 어머니가 알을 물건으로 잘 감싸서 따뜻한 곳에 놓았다. 한 아이가 껍데기를 깨고 나왔는데, 뼈대가 반듯하고 생김새가 영특하며 뛰어났다.

年甫七歲 岐嶷異常 自作弓矢 百發百中 國俗謂善射爲朱蒙 故以名焉
연보칠세 기어이상 자작궁시 백발백중 국속위선사위주몽 고이명언

나이 겨우 일곱 살에 벌써 지혜롭고 덕이 뛰어났다. 스스로 활과 화살을 만들었으며 쏘는 것마다 백발백중이었다. 나라 풍속에 활 잘 쏘는 이를 주몽이라 하였는데, 이런 이유로 아이 이름이 주몽이 되었다.

金蛙有七子 常與朱蒙遊戲 技能莫及 長子帶素言於王曰
금와유칠자 상여주몽유희 기능막급 장자대소언어왕왈

금와왕에게는 일곱 명의 아들이 있어 늘 주몽과 함께 놀았는데, 그들의 재주와 능력이 주몽에 미치지 못하였다. 맏아들인 대소가 왕에게 말했다.

朱蒙非人所生 若不早圖 恐有後患
주몽비인소생 약부조도 공유후환

"주몽은 사람이 낳은 자식이 아닙니다. 만약 일찍이 없애지 않는다면 어떤 후환이 생길지 두렵습니다."

王不聽 使之養馬 朱蒙知其駿者 減食令瘦 駑者善養令肥
왕불청 사지양마 주몽지기준자 감식령수 노자선양령비

왕은 (주몽을 없애 달라는 대소의) 간청을 듣지 않고, 주몽에게 말을 돌보게 하였다. 주몽은 준마를 알아보고 먹이를 조금 주어 야위게 만들었다. 둔한 말은 잘 먹여 살찌게 하였다.

王自乘肥 瘦者給蒙 王之諸子與諸臣將謀害之 蒙母知之 告曰
왕자승비 수자급몽 왕지제자여제신장모해지 몽모지지 고왈

왕이 살찐 말은 자기가 타고, 비쩍 말라 비루한 말은 주몽에게 주었다. 한편, 부여의 여러 왕자들과 신하들이 주몽을 해치려고 하였다. 주몽의 어머니가 그것을 알고 아들에게 말했다.

國人將害汝 以汝才略 何往不可 宜速圖之
국인장해여 이여재략 하왕불가 의속도지

"나라 사람들이 장차 너를 해치려 한다. 너의 재주와 지략으로 어디인들 가지 못하겠느냐. 속히 이곳을 떠나 너의 뜻을 펼치기 바란다."

於是蒙與烏伊等三人爲友 行至淹水　今未詳 告水曰
어시몽여오이등삼인위우 행지엄수 금미상 고수왈

이에 주몽이 오이 등 세 친구와 함께 떠나 엄수에 도착하였다. *지금
엄수가 어느 강인지 모른다.* 강물을 향해 말하였다.

我是天帝子 河伯孫 今日逃遁 追者垂及 奈何
아시천제자 하백손 금일도둔 추자수급 내하

"나는 천제의 아들이며 하백의 손자다. 지금 달아나 숨어야 하는데,
추격하는 자들이 다가오고 있으니 어찌하면 좋겠느냐?"

於是魚鼈成橋 得渡而橋解 追騎不得渡 至卒本州　玄菟郡之界 遂都焉
어시어별성교 득도이교해 추기부득도 지졸본주 현도군지계 수도언

그러자 물고기와 자라 떼가 모여 다리를 만들어주었다. 강을 다 건너
자 물고기가 흩어져 다리가 사라졌다. 추격하는 기병들은 강을 건널
수 없었다. 졸본주에 이르렀다. *졸본주는 현도군의 경계에 있다.* 마침
내 도읍을 정하였다.

未皇作宮室 但結廬於沸流水上居之 國號高句麗 因以高爲氏
미황작궁실 단결려어비류수상거지 국호고구려 인이고위씨

아직은 궁궐을 지을 형편이 아니어서 우선 비류수 강가에 풀로 초가
집을 짓고 살았다. 나라 이름을 고구려라 하고 이것을 이유로 '고'를
성씨로 삼았다.

本姓解也 今自言是天帝子 承日光而生 故自以高爲氏

본성해야 금자언시천제자 승일광이생 고자이고위씨

본래 성은 해 씨이다. 이제 스스로 천제의 아들이라 하였고, 햇빛을 받아 태어난 것을 이유로 '高높다, 크다, 숭고하다'를 자신의 성으로 삼은 것이다.

時年十二歲 漢孝元帝建昭二年甲申歲卽位稱王

시년십이세 한효원제건소이년갑신세즉위칭왕

이때 (주몽의 나이) 12세였다. 전한시대(서기전 202~서기 8) 효원제 건소 2년 갑신년, 서기전 37년에 즉위하여 왕이 되었다.

高麗全盛之日二十一萬五百八戶

고려전성지일이십일만오백팔호

고구려가 전성기일 때 집이 21만 5백8호나 되었다.

珠琳傳第二十一卷載 昔寧稟離王侍婢有娠 相者占之曰

주림전제이십일권재 석영품리왕시비유신 상자점지왈

『주림전』(『법원주림法苑珠林』 당618~907 고종 때 승려 도세가 668년에 완성한 책으로 불교 백과사전이다) 제21권에는 이렇게 전한다. 옛날에 영품리왕을 모시는 여종이 임신을 하였다. 관상을 보고 점치는 자가 그 여종을 보더니 이렇게 예언하였다.

貴而當王 王曰 非我之胤也 當殺之 婢曰 氣從天來 故我有娠
귀이당왕 왕왈 비아지윤야 당살지 비왈 기종천래 고아유신

"배 속의 아이는 귀한 아이로 왕이 될 것이다." 영품리왕이 그 말을 듣고 "내 자손이 아니니 죽여야겠다" 하면서 시녀를 죽이려 하였다. 이에 여종이 말하기를 "하늘의 기운이 따라와 임신하게 되었습니다."

及子之産 謂爲不祥 捐圈則猪噓 棄欄則馬乳 而得不死 卒爲扶餘之王
급자지산 위위불상 연권즉저허 기란즉마유 이득불사 졸위부여지왕

이내 남자아이를 낳았다. 왕은 불길하다며 아기를 돼지우리에 버렸다. 돼지들이 입김을 불어 따뜻하게 해주었다. 마구간에 버렸더니 말들이 젖을 먹여주어 죽지 않았다. 마침내 부여의 왕이 되었다.

卽東明帝爲卒本扶餘王之謂也 此卒本扶餘 亦是北扶餘之別都
즉동명제위졸본부여왕지위야 차졸본부여 역시북부여지별도

즉 동명제가 졸본부여의 왕이 된 것이다. 이 졸본부여는 북부여의 또 다른 도읍이다.

故云 扶餘王也 寧稟離 乃夫婁王之異稱也
고운 부여왕야 영품리 내부루왕지이칭야

고로 동명제 또한 부여의 왕이라고 하는 것이다. 영품리는 부루왕의 다른 이름이다.

● 변한·백제·남부여의 사비성시대

변한은 백제이고 백제는 남부여라고도 하는데, 백제가 도읍을 사비성으로 옮기면서 나라 이름도 남부여라고 바꾸었다.

신라 시조 혁거세가 즉위한 지 19년째 되던 임오년에 변한 사람들이 신라에 나라를 바치고 항복하였다.

『신당서』(북송의 구양수 등이 1060년 완성)와 『구당서』(5대 10국 시대, 945년 완성)에 따르면 변한의 후손들이 낙랑에 살았다고 한다.

또 『후한서後漢書』(중국 남북조시대 남조의 송宋나라420~479 범엽398~445이 편찬한 후한後漢=東漢, 25~220의 역사)에 따르면 변한은 남쪽에 있고 마한은 서쪽에 있으며 진한은 동쪽에 있다고 한다.

최치원(신라 말 학자, 9세기)은 변한이 백제라고 하였다.

『삼국사기』「백제본기」에 따르면 온조가 일어난 것은 홍가 4년 갑진년으로 서기전 17년이라고 한다.(현재 역사학계에서 백제의 시작은 서기전 18년으로 보고 있다. 삼국유사의 셈법이 달라 1년씩 차이가 난다) 이것은 혁거세와 동명의 시대보다 40여 년이나 후의 일이다.

『당서』(당唐나라618~907 역사서로 『구당서』와 『신당서』가 있다)에 따르면 변한의 후손들이 낙랑 땅에 살았다고 하는데, 이는 온조의 계통이 동명에서 나왔으므로 그렇게 표현한 것이다. 아마도 낙랑 땅에서 어떤 인물이 나와 변한 지역에 나라를 세우고 마한 등과 나란히 일어섰던 것은 온조가 나라를 세우기 이전에 있었던 일로 보인다. 즉 온조의 도읍이 낙랑 북쪽에 있었던 것은 아니다.

어떤 사람은 또 구룡산을 함부로 변나산이라고 하면서 고구려를 변한이라고 한다. 이것은 잘못이다. 당연히 옛 현자 최치원이 "변한은 백제"라고 한 말이 옳다. 백제 땅에는 원래 변산이 있었으므로 변한이라고 한 것이다. 백제 전성시대의 가구수는 15만 2천3백 호였다.

卞韓 百濟　*亦云 南扶餘 卽泗沘城也*

변한 백제　여운 남부여 즉사비성야

변한과 백제, 혹은 남부여, 즉 사비성시대

新羅始祖赫居世卽位十九年壬午 卞韓人以國來降

신라시조혁거세즉위십구년임오 변한인이국래항

신라 시조 박혁거세가 즉위한 지 19년째 되던 임오년에 변한 사람들이 나라를 바치고 항복했다.

新舊唐書云 卞韓苗裔 在樂浪之地

신구당서운 변한묘예 재낙랑지지

『신당서』와 『구당서』에 따르면 변한의 후손들이 낙랑 땅에 있다고
한다.

後漢書云 卞韓在南 馬韓在西 辰韓在東

후한서운 변한재남 마한재서 진한재동

『후한서』에 의하면 변한은 남쪽에 있고 마한은 서쪽에 있으며 진한은
동쪽에 있다.

致遠云 卞韓 百濟也

치원운 변한 백제야

최치원은 변한이 백제라고 한다.

按本紀 溫祚之起 在鴻嘉四年甲辰 則後於赫居世東明之世 四十餘年

안본기 온조지기 재홍가사년갑진 즉후어혁거세동명지세 사십여년

『삼국사기』「백제본기」에 따르면 온조가 일어난 때는 홍가 4년 갑진
년이다. 이것은 혁거세와 동명의 시대보다 40여 년 뒤의 일이다.

而唐書云 卞韓苗裔在樂浪之地云者 謂溫祚之系出自東明 故云耳

이당서운 변한묘예재낙랑지지운자 위온조지계출자동명 고운이

『당서』에 따르면 변한의 후예가 낙랑 땅에 있다고 하는데, 이것은 온

조가 동명의 자손이라서 그렇게 말한 것이다.

或有人出樂浪之地 立國於卞韓 與馬韓等並峙者
혹유인출낙랑지지 입국어변한 여마한등병치자
아마 누군가가 낙랑 땅에서 나와서 변한 지역에 나라를 세우고 마한
등과 나란히 (세력을 겨루며) 있었던 것은

在溫祚之前爾 非所都在樂浪之北也
재온조지전이 비소도재낙랑지북야
온조 이전에 있었던 일로 보이며, 온조의 도읍이 낙랑 북쪽에 있었던
것은 아니다.

或者 濫九龍山亦名卞那山 故以高句麗爲卞韓者 盖謬
혹자 람구룡산역명변나산 고이고구려위변한자 개류
어떤 이는 함부로 구룡산이 또 변나산이라고 말하면서, 고로 고구려가
변한이라고 하는데, 이것은 모두 틀린 것이다.

當以古賢之說 爲是 百濟地自有卞山 故云卞韓
당이고현지설 위시 백제지자유변산 고운변한
당연히 옛 현자 최치원의 말이 맞다.(즉 변한은 백제이다) 백제 땅에 원
래 변산이 있었으므로 변한이라고 한 것이다.

百濟全盛之時　十五萬二千三百戶

백제전성지시　십오만이천삼백호

백제의 전성기에 가구수가 152,300이었다.

● 진한

진한辰韓은 진한秦韓으로도 쓴다.

『후한서後漢書』(중국 남북조시대 남조의 송宋나라420~479 범엽398~445이 편
찬한 후한後漢=東漢, 25~220의 역사책)에 다음과 같은 기록이 있다. "진한의
늙은이들이 말하기를 진秦나라서기전 221~서기전 206 사람들이 한국으로
망명해 왔을 때, 마한이 동쪽 경계 지역의 땅을 떼어 주며 그곳에서
살도록 해주었다. 서로 같은 무리라고 한다. 진나라 말과 비슷한 것이
있어 어떤 이는 진한秦韓이라고 부르기도 한다. 진한에는 12개의 작은
나라들이 있는데, 각각 1만 호를 거느리면서 나라라고 한다."

또 최치원에 의하면, 진한은 본래 연나라에서 피난 온 사람들이라
고 한다. 그래서 연나라에 있던 탁수라는 강 이름을 따서 새로 만든
마을과 동네의 이름을 만들었다고 한다. 모래가 있는 탁수라는 사탁沙
涿, 점점 탁수가 되어 간다는 점탁漸涿 등의 이름이 그것이다. 그런데
신라 사람들 말로 탁涿은 도道라고 말한다. 지금도 사탁沙涿이라 써 놓
고 사량沙梁이라고 말하기도 한다. (신라 사람들은) 량梁이라 쓴 것도 읽
을 때는 도道라고 한다.

신라 최고 전성기에 도읍의 가구수는 178,936호였으며, 행정제도상 마을을 나타내는 단위 방坊은 1,360개나 있었고 리里는 55개였다. 신라 전성기의 집들은 호화로워서 금을 입힌 대저택이 39채나 되었다. 금입택은 아주 큰 집으로 부자를 상징한다. 39채나 되는 금입택은 다음과 같다. 남택·북택·우비소택·본피택·양택·본피부에 있는 지상택·김유신공의 조상집인 재매정택·북유택·반향사 절 남쪽에 있는 남유택·대택·반향사 절 북쪽에 있는 빈지택·장사택·상앵택·하앵택·수망택·천택·양남 쪽에 있는 양상택·법류사 절 남쪽에 있는 한기택·법류사 절 남쪽에 있는 비혈택·분황사 절 윗마을에 있는 판적택·개천 북쪽에 있는 별교택·아남택·양관사 절 남쪽에 있는 김양종택·개천 북쪽에 있는 곡수택·유야택·사하택·사량택·정상택·우소택이라고도 하는 이남택·사내곡택·지택·대숙택이라고도 하는 사상택·청룡사 절 동쪽의 연못가에 있는 임상택·교남택·본피부에 있는 항질택·누상택·이상택·명남택·정하택이다.

辰韓 亦作 秦韓
진한 역작 진한
진한 *또는* 진한

後漢書云
후한서운
후한서의 기록에 다음과 같은 내용이 있다.

辰韓耆老自言 秦之亡人適韓國 而馬韓割東界地以與之 相呼爲徒

진한기로자언 진지망인적한국 이마한할동계지이여지 상호위도

"진한 노인들이 말하기를, 진나라 사람들이 한국으로 도망해 왔을 때 마한이 동쪽 경계 지역의 땅을 떼어 주며 그곳에서 살게 해주었다. 서로 같은 무리라고 한다."

有似秦語 故或名之爲秦韓 有十二小國 各萬戶 稱國

유사진어 고혹명지위진한 유십이소국 각만호 칭국

"진나라 말과 비슷한 것이 있어 어떤 이는 진한이라고도 한다. 12개의 작은 나라들이 있는데, 각각 1만 호 정도이며 나라라고 불렀다."

又崔致遠云 辰韓本燕人避之者

우최치원운 진한본연인피지자

또 최치원에 따르면 진한은 본래 연나라에서 피난 온 사람들이라고 한다.

故取涿水之名 稱所居之邑里 云沙涿漸涿等

고취탁수지명 칭소거지읍리 운사탁점탁등

그래서 연나라에 있던 탁수라는 강의 이름을 자기들이 사는 읍(마을)과 리(마을)에 붙였다고 한다. 모래가 있는 탁수라는 사탁, 점점탁수가되어 간다는 점탁 등이 그러한 마을 이름이다.

羅人方言 讀涿音爲道 故今或作沙梁 梁亦讀道

라인방언 독탁음위도 고금혹작사량 량역독도

신라 사람들은 탁을 도라고 말한다.(탁이라 쓰고 도라고 읽는다) 지금은
사량이라고도 하는데, 이때 량도 역시 도라고 읽는다.

新羅全盛之時 京中十七萬八千九百三十六戶 一千三百六十坊 五十五里

신라전성지시 경중십칠만팔천구백삼십육호 일천삼백육십방 오십오리

신라 전성기에 도읍 안에 가구수는 178,936호에 이르렀고, 행정단위
방의 수는 1,360개나 되었으며, 행정단위 리는 55개가 있었다.

三十九金入宅 言富潤大宅也

삼십구금입택 언부윤대택야

호화롭게 금을 입힌 대저택이 39개나 되었다. 금입택은 큰 부잣집을
말한다.

南宅 北宅 亐比所宅 本彼宅 梁宅 池上宅 本彼部

남택 북택 우비소택 본피택 양택 지상택 본피부

남택·북택·우비소택·본피택·양택·지상택, 지상택은 본피부에 있다.

財買井宅 庾信公祖宗 北維宅 南維宅 反香寺下坊

재매정택 유신공조종 북유택 남유택 반향사하방

재매정택, 김유신공의 조상집이다. 북유택·남유택, 남유택은 반향사

아래 동네에 있다.

隊宅 賓支宅 反香寺北
대택 빈지택 반향사북
대택·빈지택, 빈지택은 반향사 북쪽에 있다.

長沙宅 上櫻宅 下櫻宅 水望宅 泉宅 楊上宅 *梁南* 漢岐宅 *法流寺南*
장사택 상앵택 하앵택 수망택 천택 양상택 양남 한기택 법류사남
*장사택·상앵택·하앵택·수망택·천택·양상택, 양남에 있다. 한기택, 한
기택은 법류사 남쪽에 있다.*

鼻穴宅 *上同* 板積宅 *芬皇寺 上坊* 別敎宅 *川北* 衙南宅
비혈택 상동 판적택 분황사 상방 별교택 천북 아남택
*비혈택, 위와 같다.(즉 법류사 남쪽에 있다) 판적택, 판적택은 분황사 위
의 동네에 있다. 별교택, 별교택은 개천 북쪽에 있다. 아남택*

金楊宗宅 *梁官寺南* 曲水宅 *川北* 柳也宅 寺下宅 沙梁宅 井上宅
김양종택 양관사남 곡수택 천북 유야택 사하택 사량택 정상택
김양종택, 김양종택은 양관사 남쪽에 있다. 곡수택, 곡수택은 개천 북
쪽에 있다. 유야택·사하택·사량택·정상택

里南宅 亏所宅 思內曲宅 池宅 寺上宅 大宿宅

이남택 우소택 사내곡택 지택 사상택 대숙택

이남택, 이남택은 우소택이라고도 한다. 사내곡택·지택·사상택, 사상
택은 대숙택이라고도 한다.

林上宅 靑龍之寺東 方有池

임상택 청룡지사동 방유지

임상택, 임상택은 청룡사 절 동쪽으로 연못이 있는 곳이다.

橋南宅 巷叱宅 *本彼部* 樓上宅 里上宅 檢南宅 井下宅

교남택 항질택 본피부 누상택 이상택 명남택 정하택

교남택·항질택, *항질택은* *본피부다.* 누상택·이상택·명남택·정하택이
모두 금입택으로 신라에서 이름난 큰 부자들이다.

● 또 계절 따라 모여 즐기는 별장

   또 계절에 따라 모여 노는 저택이 있다. 봄에는 동야택, 여름에는 곡량택, 가을에는 구지택, 겨울에는 가이택이다.

   신라 제49대 헌강대왕(재위 875~886) 때는 성안에 초가집이 한 채도 없었다. 처마가 서로 이웃하고 담장이 연이어졌다. 노래와 악기 소리가 길가에 가득하고 밤낮으로 그치지 않았다.

又四節遊宅
우사절유택
또 계절 따라 모여 즐기는 별장

春 東野宅 夏 谷良宅 秋 仇知宅 冬 加伊宅
춘 동야택 하 곡량택 추 구지택 동 가이택
봄엔 동야택, 여름엔 곡량택, 가을엔 구지택, 겨울엔 가이택이다.

第四十九憲康大王代 城中無一草屋 接角連墻 歌吹滿路 晝夜不絶

제사십구헌강대왕대 성중무일초옥 접각연장 가취만로 주야부절

신라 제49대 헌강대왕제위 875~886 때는 성안에 초가집이 한 채도 없었
다. 처마가 서로 이웃하고 담장이 연이어졌다. 노래와 악기 소리가 길
가에 가득 차서 밤낮으로 끊이지 않았다.

● 신라 시조 혁거세왕

진한 땅에는 예로부터 일찍이 여섯 개의 마을이 있었다.(신라가 일어
서고 제3대 노례왕유리이사금 때에 행정제도를 정비하였다. 예로부터 있었던 여
섯 개의 마을을 여섯 개의 부部로 바꾸면서 마을 우두머리인 촌장들에게 각각
새로운 성씨를 하사하였다)

첫 번째는 알천 양산촌으로 지금 담엄사 남쪽이다. 그 마을의 우두
머리, 촌장村長은 알평인데 처음에 내려와 자리 잡은 곳이 표암봉이다.
노례왕 9년(32)에 부部를 설치하면서 알천 양산촌村을 급량부部라고 하
였다. 알평은 급량부 이 씨의 조상이 되었다. 본조(고려) 태조(왕건, 재
위 918~943) 천복(천복은 후진後晉, 936~946에서 사용한 연호) 5년 경자년,
940년에 일부 행정구역을 개편하면서 급량부는 중흥부로 이름을 바꾸
었다. 파잠·동산·피상·동천이 중흥부에 속한다.(936년 후삼국을 통일한
고려는 신라의 지명과 제도를 고려식으로 바꾸었다)

두 번째 마을은 돌산 고허촌이다. 마을 우두머리는 소벌도리인데,
처음에 내려와 자리 잡은 곳이 형산이다. 사량부가 되었다. 사량부沙梁

部의 량梁은 도道라고 읽는다. 또 사량沙梁을 사탁沙�이라 쓰기도 하는데, 이때도 탁�이라 쓰고 역시 도道라고 말한다. 즉 한자로 사량부, 사탁부라 쓰면서 말할 때는 모두 사도부라고 하는 것이다. 소벌도리는 사량부 정 씨의 조상이다. 지금의 남산부이다. 구량벌·마등오·도북·회덕 등의 남촌이 사량부에 속한다. 지금이라고 하는 것은 모두 태조 천복 5년, 즉 940년을 말한다. 아래도 마찬가지이다.

세 번째는 무산 대수촌이다. 마을 촌장은 구례마이다. 구례마의 구俱는 구仇로도 쓴다. 처음에 내려온 곳은 이산이다. 이산은 개비산이라고도 한다. 점량부가 되었는데, 점량부의 량은 (위에 설명한 사량부의 량처럼) 탁으로도 쓴다. 즉 점량부는 점탁부라고도 쓴다. 모량부 손 씨의 조상이다. 지금은 장복부라고 한다. 박곡촌과 서촌 등이 여기에 속한다.

네 번째는 취산 진지촌이다. 진지는 빈지, 빈자 또는 빙지라고도 한다. 마을 촌장은 지백호이다. 처음에 내려온 곳은 화산이다. 본피부 최 씨의 조상이다. 지금은 통선부라고 부른다. 시파 등의 동남촌이 여기에 속한다. 최치원이 본피부 사람이다. 지금 황룡사 남쪽의 미탄사 남쪽에 있는 옛터가 최치원의 옛 집터라고 하는데 거의 맞는 것 같다.

다섯 번째는 금산 가리촌이다. 금산은 지금의 금강산 백률사 절의 북쪽 산이다. 마을 촌장은 지타이다. 지타抵沱는 지타只他로도 쓴다. 처음에 내려온 곳은 명활산이다. 한기부가 되었다. 그리고 한기부 배 씨의 조상이 되었다. 지금은 가덕부라고 한다. 위서지·아래서지·내아 등 동촌이 여기에 속한다.

여섯 번째는 명활산 고야촌이다. 마을의 우두머리는 호진이다. 호진이 처음에 내려온 곳은 금강산이다. 호진은 습비부 설 씨의 조상이다. 지금은 임천부이다. 물이촌·잉구며촌·궐곡 등 동북촌이 여기에 속한다. 궐곡은 갈곡이라고도 한다.

위의 글에 따르면 6부의 조상들은 모두 하늘에서 내려온 것 같다. 신라 노례왕 9년(32)에 이르러서 처음으로 6부의 이름을 쓰기 시작하고, 6부의 촌장에게 각각 성을 내려주었다. 지금 우리 고려 풍속에 중흥부를 어머니, 장복부를 아버지, 임천부를 아들, 가덕부를 딸이라고 하는데, 왜 그러한지 그 내용은 알 수가 없다.

전한 지절 원년 임자, 서기전 69년(옛 책에 건호 원년, 즉 25년이라거나 전한 무제재위 서기전 141~서기전 87 건원 3년인 서기전 138년이라고 하는 것은 모두 잘못된 것이다) 3월 초하루에 6촌의 마을 우두머리들이 각각 자제를 거느리고 다 함께 알천 언덕 위에 모여 의논하였다.

"우리는 위로 백성을 다스릴 임금이 없어서 백성들이 모두 제멋대로 행동하며 함부로 제 욕심만 좇고 있소. 그러니 어찌 임금을 세우지 않을 수 있겠소! 덕 있는 사람을 찾아 임금으로 모시고 도읍을 정하여 나라를 세웁시다."

그리고 그들은 높은 곳에 올라가 남쪽을 바라보며 도읍지로 마땅한 곳을 찾아보았다. 이때 양산 마을 나정(우물 이름) 근처에 번개 같은 이상한 기운이 땅까지 뻗쳤는데, 그곳에 웬 흰 말 한 마리가 무릎을 꿇고 절하는 모습이 보였다. 신기한 모습에 사람들이 찾아가 살펴보니 보랏빛 알이 하나 있었다. 혹은 파란색 커다란 알이라고도 한다. 말은 사람들을 보고 길게 울더니 하늘로 올라갔다.

그 알을 깨니 어린 남자아이가 있었는데 모습이 단정하고 아름다웠다. 경이로운 일이었다. 사뇌야 북쪽에 동천사가 있는데, 아이를 동천으로 데리고 가서 씻기자 아이의 몸에서 광채가 났다. 이때 새와 짐승들이 모두 춤을 추고 하늘과 땅이 흔들렸으며 해와 달이 맑고 밝아졌다. 이런 이유로 혁거세왕이라고 하였는데, 혁거세란 신라의 고유한 말이다. 또 불구내왕이라고도 하는데 이는 밝은 빛으로 세상을 다스린다는 뜻이다. '혁거세왕은 서술성모가 낳은 아들'이라는 말이 있다. 옛날부터 중국 사람들이 선도성인을 찬미하는 글에, 선도성인께서 어진 인물을 낳아 나라를 세우게 하실 것이라는 구절이 있는데, 혁거세왕이 바로 선도성인이 낳은 어진 인물이라는 것이다. 또는 계룡이 나타나 상서로운 알영을 낳았다고 하니, 이것이 어찌 서술성모가 나타난 것이 아니겠는가.(선도성인은 서술성모의 다른 이름으로 신라 경주 선도산의 여신이며 신라 수호신 중의 하나이다. 원래 중국 황제의 딸이었는데 신선술을 배워 신라에 와서 산신이 되었다는 전설이 있다)

신라에서 왕위를 나타내는 말은 거슬한이다. 또 거서간이라고도 하는데, 혁거세가 처음 입을 열 때 스스로 "알지 거서간이 일어난다"고 말했다고 한다. 이후로 거서간은 임금을 높여 부르는 말이 되었다고 한다.

혁거세가 나타나자 당시 사람들이 앞다투어 축하하면서 "천자가 땅에 내려왔으니 이제 덕이 있는 여자를 찾아 군주의 아내를 정해야겠다"고 하였다.

그때 사량리에 있는 알영정(우물 이름)에 계룡이 나타나 왼쪽 옆구리로 여자아이를 낳고 날아갔다. 알영정은 아리영정이라고도 한다. 한편 계룡이 아이를 낳고 날아간 것이 아니라, 계룡이 나타나 죽었는데 그 배를 가르고 여자아이를 얻었다는 말도 있다. 아이 모습이 곱고 아름다웠으나 입술은 닭 부리같이 생겼다. 월성 북천에 데려가 몸을 씻겼더니 닭 부리 같은 것이 떨어져 나갔다. 이후로 북천北川을 닭 부리가 떨어진 곳이라 하여 발천撥 떨어질 발, 川 내 천이라고 부르게 되었다.

지금의 창림사가 있는 남산 서쪽 기슭에 궁궐을 짓고 두 명의 신성한 아이를 받들어 모시며 길렀다. 사내아이는 박같이 생긴 큰 알에서 나왔다고 하여 성을 박이라고 하였다. (박은 한자로 호瓠, 박 호라고 읽는다. 박 같은 알에서 나왔다고 박을 성으로 한다면 중국식으로 호 씨가 되어야 한다. 그런데 신라 사람들은 박을 박이라 하면서 중국어 한자로 박이라는 뜻의 호瓠를 쓰지 않고, 박이라 소리 나는 글자인 박朴 자를 성으로 했다) 여자아이는 알영정에서 태어났다고 하여 알영을 이름으로 하였다. 두 성인의 나이 13세가 되는 오봉 원년 갑자년, 서기전 57년에 남자를 왕위에 세우고 여자를 왕후로 삼았다.

나라 이름은 서라벌이라고 했다. 또는 서벌이라고도 한다. 지금 풍속에 경_京 서울 경 자의 뜻을 우리말로 서벌(현재는 서울)이라고 하는 이유가 여기에 있다. 서라벌은 더러는 사라 또는 사로라고도 하였다. 처음에 왕이 계룡이 나타난 우물에서 나타났다 하여 나라 이름을 계림국이라고 했다고 한다. 계룡이 나타난 상서로운 곳이라는 뜻이다. 일설에는 탈해왕 때 김알지를 얻었는데, 그때 숲속에서 닭이 울어 김알지가 있는 곳을 알려주었다고 하여 나라 이름을 계림으로 고쳤다고도 한다. 후세에 와서는 마침내 신라로 정하였다.

나라를 다스린 지 61년 만에 왕이 하늘로 올라갔는데, 7일 뒤에 왕의 시신이 흩어져 땅에 떨어졌다. 왕후도 죽었다. 나라 사람들이 왕의 흩어진 시신을 모아 합장하려고 했더니 큰 뱀이 쫓아오며 모으지 못하게 방해하였다. 그래서 다섯 부분의 시신을 각각 묻으니 다섯 개의 능이 되었다. 왕의 능을 지으려는데 긴 뱀이 나타났다고 하여 이름을 뱀 사_蛇를 써서 사릉_{蛇陵}이라고 하였다. 담엄사 북쪽의 능이 이 왕릉이다. 태자였던 남해왕이 왕위를 계승하였다.

新羅始祖 赫居世王

신라시조 혁거세왕

辰韓之地 古有六村 一曰 閼川楊山村 南今曇嚴寺 長曰謁平

진한지지 고유육촌 일왈 알천양산촌 남금담엄사 장왈알평

진한 땅에는 예로부터 여섯 개의 마을이 있었다. 첫 번째는 알천 양산 촌이다. 양산촌 남쪽에 지금 담엄사가 있다. 그 마을의 우두머리는 알 평이다.

初降于瓢嵒峰 是爲及梁部李氏祖 *弩禮王九年置 名及梁部*

초강우표암봉 시위급량부이씨조 노례왕구년치 명급량부

처음 내려와 자리 잡은 곳이 표암봉이다. 급량부 이 씨의 조상이 되었 다. 노례왕유리이사금. 재위 24~57 9년(32) 에 (행정제도를 정비하면서) 부 를 설치하여 알천 양산촌을 급량부라고 하였다.

本朝太祖天福五年庚子 改名中興部 波潛東山彼上東村屬焉

본조태조천복오년경자 개명중흥부 파잠동산피상동촌속언

우리 고려에 들어와 태조 천복 5년 갑자년(940) 에 이름을 바꾸어 중 흥부라고 하였다. 파잠·동산·피상·동촌이 중흥부에 속한다.

二曰 突山高墟村 長曰蘇伐都利

이왈 돌산고허촌 장왈소벌도리

두 번째 마을은 돌산 고허촌이다. 그 우두머리, 촌장은 소벌도리이다.

初降于兄山 是爲沙梁部　梁讀云道 或作涿 亦音道
초강우형산 시위사량부　량독운도 혹자탁 역음도
처음 내려와 자리 잡은 곳은 형산이다. 돌산 고허촌은 사량부가 되었
다. *량은 읽을 때 도라고 한다. 사량의 량은 또 탁이라고도 쓰는데 소
리는 역시 도라고 읽는다.(즉, 한자로 사량부, 사탁부라 쓰면서 읽을 때는 모
두 사도부라고 하는 것이다)*

鄭氏祖 今曰南山部 仇良伐 麻等烏 道北 廻德等南村屬焉
정씨조 금왈남산부 구량벌 마등오 도북 회덕등남촌속언
소벌도리는 사량부 정 씨의 조상이다. 사량부를 지금은 남산부라고 한
다. 구량벌·마등오·도북·회덕 등 남촌이 여기에 속한다.

稱今曰者 太祖所置也 下例知
칭금일자 태조소치야 하례지
*지금이라고 말하는 것은 태조 왕건(재위 918~943) 때, 즉 940년에 설
치함을 말하며 아래에서 말하는 지금도 모두 마찬가지이다.*

三曰 茂山大樹村 長曰俱　一作仇 禮馬 初降于伊山 一作皆比山
삼왈 무산대수촌 장왈구 일작구 례마 초강우이산 일작개비산
세 번째는 무산 대수촌이다. 그 우두머리는 구례마이다. *구례마의 구俱*

는 仇로 쓰기도 한다. 처음 내려온 곳은 이산이다. 일명 개비산이라고도 한다.

是爲漸梁　一作涿 部 又牟梁部孫氏之祖
시위점량 일작탁　부 우모량부손씨지조

점량부가 되었다. 점량부의 *량*은 *탁*으로 쓰기도 하니, 즉 점탁부라고쓰기도 한다. 점량부 또는 모량부 손 씨의 조상이다.

今云長福部 朴谷村等西村屬焉
금운장복부 박곡촌등서촌속언

지금은 장복부라고 한다. 박곡촌 등 서촌이 여기에 속한다.

四曰 觜山珍支村 長曰智伯虎 初降于花山 是爲本彼部崔氏祖
사왈 취산진지촌 장왈지백호 초강우화산 시위본피부최씨조

네 번째는 취산 진지촌이다. 그 우두머리는 지백호이다. 처음 내려온곳은 화산이다. 본피부 최 씨의 조상이다.

今曰通仙部 柴巴等東南村屬焉 致遠乃本彼部人也
금왈통선부 시파등동남촌속언 치원내본피부인야

지금 통선부라 한다. 시파 등 동남촌이 여기에 속한다. 최치원이 본피부 사람이다.

今皇龍寺南味呑寺南有古墟云 是崔侯古宅也 殆明矣

금황룡사남미탄사남유고허운 시최후고택야 태명의

지금 황룡사 남쪽의 미탄사 남쪽에 옛터가 있는데 이것이 최치원의 옛집 터라고 전한다. 거의 맞을 것이다.

五曰 金山加利村　今金剛山栢栗寺之北山也 長曰祇沱 一作只他

오왈 금산가리촌　금금강산백률사지북산야 장왈지타 일작지타

다섯 번째는 금산 가리촌이다. *지금 금강산 백률사 북쪽 산이다.* 그 우두머리는 지타祇沱이다. *지타只他라고 쓰기도 한다.*

初降于明活山 是爲漢岐部 又作韓岐部裵氏祖

초강우명활산 시위한기부 우작한기부배씨조

처음 내려와 자리 잡은 곳은 명활산이다. 한기부漢岐部, 또는 한기부韓岐部 배 씨의 조상이 되었다.

今云加德部 上下西知乃兒等東村屬焉

금운가덕부 상하서지내아등동촌속언

지금 가덕부라고 한다. 상서지·하서지·내아 등 동촌이 여기에 속한다.

六曰 明活山高耶村 長曰虎珍 初降于金剛山 是爲習比部薛氏祖

육왈 명활산고야촌 장왈호진 초강우금강산 시위습비부설씨조

여섯 번째는 명활산 고야촌이다. 그 우두머리는 호진이다. 처음 내려온 곳은 금강산이다. 습비부 설 씨의 조상이다.

今臨川部 勿伊村 仍仇䬁村 闕谷 一作葛谷 等東北村屬焉
금임천부 물이촌 잉구며촌 궐곡 일작갈곡 등동북촌속언
지금은 임천부라고 한다. 물이촌·잉구며촌·궐곡 등과 동북촌이 여기에 속한다. *궐곡은 일명 갈곡이라고도 한다.*

按上文 此六部之祖 似皆從天而降
안상문 차육부지조 사개종천이강
이 글들을 보니 여섯 부의 시조는 모두 하늘에서 내려온 것 같다.

弩禮王九年 始改六部名 又賜六姓
노례왕구년 시개육부명 우사육성
노례왕(신라 제3대 유리이사금. 재위 24~57) 9년, 즉 32년에 처음으로 6부로 명칭을 바꾸고 또 여섯 개의 성씨를 하사하였다.

今俗中興部爲母 長福部爲父 臨川部爲子 加德部爲女 其實未詳
금속중흥부위모 장복부위부 임천부위자 가덕부위녀 기실미상
지금 풍속에 중흥부를 어머니, 장복부를 아버지, 임천부를 아들, 가덕부를 딸이라고 하는데, 왜 그러한지 그 내용은 알 수가 없다.

前漢地節元年壬子　*古本云　建虎元年　又云　建元三年等　皆誤* 三月朔
전한지절원년임자　고본운　건호원년　우운　건원삼년등　개오　　삼월삭

전한 지절 원년(서기전 69) 임자 3월 초하루, *옛 책에서 말하는 건호 원년(25)이나 또 건원 3년(서기전 138) 등은 모두 잘못된 것이다.*(건호建 虎는 건무建武인데, 후한 광무제 시대 연호로 25년부터 55년까지 사용되었다. 당시 고려 제2대 왕 혜종의 이름 무武를 피하기 위하여 건무 대신 건호라고 쓴 것이다)

六部祖各率子弟　俱會於關川岸上　議曰
육부조각솔자제　구회어알천안상　의왈

6부의 조상들이 각각 자제들을 거느리고 알천 언덕 위에 모두 모여 의논하였다.

我輩上無君主臨理蒸民　民皆放逸　自從所欲
아배상무군주임리증민　민개방일　자종소욕

"우리는 위로 백성을 다스리는 임금이 없어, 백성들이 모두 제멋대로 함부로 놀며, 자기 원하는 대로만 하고 있소."

盍覓有德人　爲之君主　立邦設都乎
합멱유덕인　위지군주　입방설도호

"상황이 이러한데 어찌 덕 있는 사람을 찾아 임금을 만들고 나라를 세워 도읍을 정하지 않을 수 있겠소?"

於是乘高南望 楊山下蘿井傍 異氣如電光垂地

어시승고남망 양산하나정방 이기여전광수지

그리고 높은 곳에 올라가 도읍 세울 만한 곳을 찾으며 남쪽을 바라보는데, 아래 양산마을 우물 나정 근처에 번개 같은 이상한 기운이 드리워져 있었다.

有一白馬跪拜之狀 尋撿之 有一紫卵　一云青大卵

유일백마궤배지상 심검지 유일자란　일운청대란

그곳에 흰 말 한 마리가 무릎을 꿇고 절하는 모습이 보였다. 무슨 일인가 찾아가 보니 자주색 알이 하나 있었다. *혹은 파란색 커다란 알이라고도 한다.*

馬見人長嘶上天 剖其卵得童男 形儀端美 驚異之

마견인장시상천 부기란득동남 형의단미 경이지

말은 사람들을 보고 길게 울더니 하늘로 올라갔다. 그 알을 깨니 어린 사내아이가 있었다. 모습이 단정하고 아름다웠다. 경이로웠다.

浴於東泉　東泉寺在詞腦野北 身生光彩 鳥獸率舞 天地振動 日月清明

욕어동천 동천사재사뇌야북　신생광채 조수솔무 천지진동 일월청명

아이를 동천에서 목욕시켰다. *동천사는 사뇌 벌판 북쪽에 있다.* 몸에서 광채가 났다. 새들과 짐승이 춤을 추고 하늘과 땅이 흔들렸으며 해와 달이 맑고 밝게 빛났다.

因名赫居世王　盖鄉言也 或作不矩內王 言光明理世也

인명혁거세왕 개향언야 혹작불구내왕 언광명이세야

이런 이유로 이름을 혁거세왕이라고 하였다. 이것은 아마 그 지역 말인 것 같다. 또는 불구내왕이라고도 하는데, 이는 밝은 빛으로 세상을 다스린다는 뜻이다.

　説者云 是西述聖母之所誕也 故中華人讃仙桃聖母

설자운 시서술성모지소탄야 고중화인찬선도성모

설명하는 사람이 말하였다. "혁거세는 서술성모가 낳은 것이다. 옛날 중국 사람들이 선도성모를 찬양하면서,

　有娠賢肇邦之語是也 乃至雞龍現瑞産閼英 又焉知非西述聖母之所現耶

유신현조방지어시야 내지계룡현서산알영 우언지비서술성모지소현야

'선도성모가 어진 사람을 낳아 나라를 세우게 할 것이다'라고 했는데, 바로 혁거세를 두고 말하는 것이다." 또는 상서로운 계룡이 나타나서 알영을 낳았다고 하니, 이것이 어찌 서술성모가 나타난 것이 아니겠는가!

　位號曰居瑟邯 或作居西干 初開口之時 自稱云 閼智居西干 一起

위호왈거슬한 혹작거서간 초개구지시 자칭운 알지거서간 일기

왕위의 존칭은 거슬한이라고 한다. 혹은 거서간이라고도 하는데, 처음 혁거세가 입을 열었을 때 스스로 말하기를 '알지 거서간이 일어난다'고 했다.

因其言稱之 自後爲王者之尊稱

인기언칭지 자후위왕자지존칭

이렇게 말한 이후부터 거서간은 임금을 높여 부르는 말이 되었다.

時人爭賀曰 今天子已降 宜覓有德女君配之

시인쟁하왈 금천자이강 의멱유덕여군배지

당시 사람들이 서로 경쟁하듯이 와서 축하하면서 이제 천자가 내려왔
으니, 이제는 마땅히 덕이 있는 여자를 찾아 군주의 아내로 삼자고 하
였다.

是日 沙梁里閼英井 *一作娥利英井* 邊

시일 사량리알영정 *일작아리영정* 변

이때 사량리 우물 알영정 근처에서, *알영정은 아리영정이라고도
한다.*

有鷄龍現而左脇誕生童女 *一云龍現死 而剖其腹得之*

유계룡현이좌협탄생동녀 *일운용현사 이부기복득지*

계룡이 나타나 왼쪽 옆구리에서 여자아이를 낳았다. *한편 용이 나타나
죽어서 그 배를 가르고 여자아이를 얻었다고도 한다.*

姿容殊麗 然而唇似鷄觜 將浴於月城北川 其觜撥落 因名其川曰撥川

자용수려 연이순사계취 장욕어월성북천 기취발락 인명기천왈발천

모습이 아름다웠는데 입술이 닭의 부리같이 생겼다. 월성 북천에 데려

가 씻겼더니 그 부리가 떨어져 없어졌다. 이로 인해 월성 북천의 이름이 닭 부리가 떨어져 없어진 곳이라 하여 발천撥 떨어질 발, 川 내 천이 되었다.

營宮室於南山西麓 今昌林寺 奉養二聖兒
영궁실어남산서록 금창림사 봉양이성아
남산 서쪽 기슭, *지금의 창림사에* 궁실을 지어 성스러운 두 아이를 모시며 길렀다.

男以卵生 卵如瓠 鄕人以瓠爲朴 故因姓朴 女以所出井名名之
남이난생 난여호 향인이호위박 고인성박 여이소출정명명지
남자아이는 박같이 생긴 알에서 태어났는데 그 지방 사람들이 박瓠, 박호을 박朴이라 하여 성을 박朴이라고 하였다.(박을 한자로 쓰면 뜻은 박이고 소리는 호瓠이므로 호 씨가 되어야 하는데, 신라 사람들은 박이라 하면서 박이라고 소리 나는 박朴으로 성씨를 삼았다) 여자아이는 알영 우물가에서 태어났다고 하여 알영이라고 하였다.

二聖年至十三歲 以五鳳元年甲子 男立爲王 仍以女爲后
이성년지십삼세 이오봉원년갑자 남입위왕 잉이녀위후
두 성인이 열세 살이 되었다. 오봉 원년 갑자년, 서기전 57년에 남자를 왕으로 세우고, 여자를 왕후로 삼았다.

國號徐羅伐 又徐伐　*今俗訓京字云徐伐　以此故也* 或云斯羅 又斯盧
국호서라벌 우서벌 금속훈경자운서벌 이차고야　혹운사라 우사로
나라 이름을 서라벌이라고 하였다. 또는 서벌이라고도 한다. *지금 우
리말에 京*서울 경*의 뜻을 서벌*(현재는 서울)*이라고 하는 이유가 여기에
있다.* 나라 이름을 혹은 사라 또는 사로라고도 하였다.

初王生於鷄井 故或云鷄林國 以其鷄龍現瑞也
초왕생어계정 고혹운계림국 이기계룡현서야
왕이 처음 난 곳이 계룡鷄 닭 계, 龍 용 용이 나타난 우물이라고 하여 나라
이름을 계림국이라고 하였다고도 한다. 계룡이 나타난 상서로운 곳이
라는 뜻이다.

一說 脫解王時得金閼智 而鷄鳴於林中 乃改國號爲鷄林
일설 탈해왕시득김알지 이계명어림중 내개국호위계림
일설에는 또 탈해왕 때 김알지를 얻었는데, 닭이 울어 알지가 숲에 있
는 것을 알게 해주었기 때문에 나라 이름을 계림이라고 고쳤다고도
한다.

後世遂定新羅之號
후세수정신라지호
후세에 마침내 나라 이름을 신라로 정했다.

理國六十一年 王升于天 七日後 遺體散落于地 后亦云亡

이국육십일년 왕승우천 칠일후 유체산락우지 후역운망

나라를 다스린 지 61년 만에 왕이 하늘로 올라가셨다. 칠 일 만에 왕의 시신이 흩어져 땅에 떨어졌다. 왕후 역시 사망하였다.

國人欲合而葬之 有大蛇逐禁 各葬五體爲五陵 亦名蛇陵

국인욕합이장지 유대사축금 각장오체위오릉 역명사릉

나라 사람들이 시신을 모아 장례를 모시려고 하였는데, 큰 뱀이 쫓아와 시신을 모으지 못하게 하였다. 그래서 다섯 조각의 시신을 각각 묻으니 다섯 개의 능이 되었다. 능을 조성하고 큰 뱀이 쫓아왔다고 하여 뱀 사蛇를 써서 사릉이라고 하였다.

曇嚴寺北陵是也 太子南解王繼位

담엄사북릉시야 태자남해왕계위

담엄사 북쪽에 있는 능이 이것이다. 태자 남해왕(박혁거세왕과 알영 사이의 맏아들)이 왕위를 계승하였다.

三國遺事

三國遺事 卷 第一
紀異 第一
敍曰

大抵古之聖人 方其禮樂興邦 仁義設敎 則怪力亂神 在所不語 然而帝王
之將興也 膺符命 受圖籙 必有以異於人者 然後能乘大變 握大器 成大業
也 故河出圖洛出書 而聖人作 以至虹繞神母而誕羲 龍感女登而生炎 皇
娥遊窮桑之野 有神童自稱白帝子 交通而生小昊 簡狄吞卵而生契 姜嫄履
跡而生棄 胎孕十四月而生堯 龍交大澤而生沛公 自此而降 豈可殫記 然
則三國之始祖 皆發乎神異 何足怪哉 此紀異之所以漸諸篇也 意在斯焉

古朝鮮 *王儉朝鮮*

魏書云 乃往二千載 有壇君王儉 立都阿斯達 *經云無葉山 亦云白岳 在*
白州地 或云在開城東 今白岳宮是 開國號朝鮮 與高同時 古記云 昔有
桓因 *謂帝釋也* 庶子桓雄 數意天下 貪求人世 父知子意 下視三危太伯
可以弘益人間 乃授天符印三箇 遣往理之 雄率徒三千 降於太伯山頂 *卽*
太伯今妙香山 神壇樹下 謂之神市 是謂桓雄天王也 將風伯雨師雲師 而
主穀主命主病主刑主善惡 凡主人間三百六十餘事 在世理化 時有一熊一

虎 同穴而居 常祈于神雄 願化爲人 時神遺靈艾一炷 蒜二十枚曰 爾輩食
之 不見日光百日 便得人形 熊虎得而食之 忌三七日 熊得女身 虎不能忌
而不得人身 熊女者無與爲婚 故每於壇樹下 呪願有孕 雄乃假化而婚之
孕生子 號曰壇君王儉 以唐高卽位五十年庚寅 *唐高卽位元年戊辰 則五十*
年丁巳 非庚寅也 疑其未實 都平壤城 *今西京* 始稱朝鮮 又移都於白
岳山阿斯達 又名弓 *一作方* 忽山 又今彌達 御國一千五百年 周虎王卽
位己卯 封箕子於朝鮮 壇君乃移藏唐京 後還隱於阿斯達 爲山神 壽一千
九百八歲 唐裴矩傳云 高麗本孤竹國 *今海州* 周以封箕子爲朝鮮 漢分
置三郡 謂玄菟-樂浪-帶方 *北帶方* 通典亦同此說 *漢書則眞臨樂玄四郡*
今云三郡 名又不同 何耶

魏滿朝鮮

前漢朝鮮傳云 自始燕時 常略得眞番朝鮮 *師古曰 戰國時 燕 因是略得*
此地也 爲置吏築障 秦滅燕 屬遼東外徼 漢興 爲遠難守 復修遼東故塞
至浿水爲界 *師古曰 浿在樂浪郡* 屬燕 燕王盧綰反入匈奴 燕人魏滿亡命
聚黨千餘人 東走出塞 渡浿水 居秦故空地上下障 稍役屬眞番朝鮮蠻夷及
故燕齊亡命者 王之 都王儉 *李曰 地名 臣瓚曰 王儉城在樂浪郡浿水之*
東 以兵威 侵降其旁小邑 眞番臨屯 皆來服屬 方數千里 傳子至孫右渠
師古曰 孫名右渠 眞番辰國 欲上書見天子 雍閼不通 *師古曰 辰謂辰韓*
也 元封二年 漢使涉何諭右渠 終不肯奉詔 何去至界 臨浿水 使馭刺殺

送何者朝鮮裨王長 *師古日 送何者名也* 卽渡水 馳入塞 逐歸報 天子拜

何爲遼東之 *東* 部都尉 朝鮮怨何 襲攻殺何 天子遣樓舡將軍楊僕 從齊浮

渤海 兵五萬 左將軍荀彘出遼 討右渠 右渠發兵距嶮 樓舡將軍將齊七千

人 先到王儉 右渠城守 規知樓舡軍小 卽出擊樓舡 樓舡敗走 僕失衆 遁

山中獲免 左將軍擊朝鮮浿水西軍 未能破 天子爲兩將未有利 乃使衛山

因兵威 往諭右渠 右渠請降 遣太子獻馬 人衆萬餘持兵 方渡浿水 使者及

左將軍疑其爲變 謂太子已服 宜毋持兵 太子亦疑使者詐之 逐不渡浿水

復引歸 報天子 誅山 左將軍破浿水上軍 迺前至城下 圍其西北 樓舡亦往

會 居城南 右渠堅守 數月未能下 天子以久不能決 使故濟南太守 公孫逐

往征之 有便宜將以從事 逐至 縛樓舡將軍 竝其軍 與左將軍 急擊朝鮮

朝鮮相路人 相 韓陶 *陰* 尼谿相叅 將軍王唊 *師古日 尼谿地名 四人也*

相與謀欲降 王不肯之 陶 *陰* 唊路人 皆亡降漢 路人道死 元封三年夏

尼谿相叅 使人殺王右渠 來降 王儉城未下 故右渠之大臣成己又反 左將

軍使右渠子長 路人子最 告諭其民 謀殺成己 故逐定朝鮮 爲眞番臨屯樂

浪玄菟 四郡

馬韓

魏志云 魏滿擊朝鮮 朝鮮王準率宮人左右 越海而南至韓地 開國號馬韓

甄萱上太祖書云 昔馬韓先起 赫世勃興 於是百濟開國於金馬山 崔致遠云

馬韓 麗也 辰韓 羅也 *據本紀 則羅先起甲子 麗後起甲申 而此云者 以*

王準言之耳 以此知東明之起 已垃馬韓而因之矣 故稱麗爲馬韓 今人或認

金馬山 以馬韓爲百濟者 盖誤濫也 麗地自有邑山 故名馬韓也 四夷 九夷

九韓 穢貊 周禮職方氏掌四夷九貊者 東夷之種 卽九夷也 三國史云 溟州

古穢國 野人耕田 得穢王印 獻之 又春州 古牛首州 古貊國 又或云今朔

州 是貊國 或平壤城爲貊國 淮南子注云 東方之夷九種 論語正義云 九夷

者 一玄菟 二樂浪 三高麗 四滿飾 五鳧臾 六素家 七東屠 八倭人 九天

鄙 海東安弘記云 九韓者 一日本 二中華 三吳越 四乇羅 五鷹遊 六靺鞨

七丹國 八女眞 九穢貊

二府

前漢書 昭帝始元五年己亥 置二外府 謂朝鮮舊地平那及玄菟郡等 爲平州

都督府 臨屯樂浪等兩郡之地 置東部都尉府 私曰 朝鮮傳則眞番玄菟臨屯

樂浪等四 今有平那無眞番 盖一地二名也

七十二國

通典云 朝鮮之遺民 分爲七十餘國 皆地方百里 後漢書云 西漢以朝鮮舊

地 初置爲四郡 後置二府 法令漸煩 分爲七十八國 各萬戶 馬韓在西 有

五十四小邑 皆稱國 辰韓在東 有十二小邑 稱國 卞韓在南 有十二小邑

各稱國

樂浪國

前漢時 始置樂浪郡 應邵曰 故朝鮮國也 新唐書注云 平壤城 古漢之樂浪
郡也 國史云 赫居世三十年 樂浪人來投 又弟三弩禮王四年 高麗第三無
恤王 伐樂浪滅之 其國人與帶方 北帶方 投于羅 又無恤王二十七年 光
虎帝遣使伐樂浪 取其地爲郡縣 薩水以南屬漢 據上諸文 樂浪卽平壤城
宜矣 或云樂浪中頭山下靺鞨之界 薩水今大同江也 未詳孰是 又百濟溫
祚之言 曰東有樂浪 北有靺鞨 則殆古漢時樂浪郡之屬縣之地也 新羅人亦
以稱樂浪 故今本朝亦因之 而稱樂浪郡夫人 又太祖降女於金傳 亦曰樂浪
公主

北帶方

北帶方 本竹覃城 新羅弩禮王四年 帶方人與樂浪人投于羅 此皆前漢所置
二郡名 其後僭稱國 今來降

南帶方

曹魏時 始置南帶方郡 今南原府 故云 帶方之南海水千里 曰澣海 後漢建
安中 以馬韓南荒地爲帶方郡 倭韓遂屬 是也

靺鞨 *一作勿吉* *渤海*

通典云 渤海 本粟末靺鞨 至其酋祚榮立國 自號震旦 先天中 *玄宗壬子*
始去靺鞨號 專稱渤海 開元七年 *己未* 祚榮死 謚爲高王 世子襲立 明
皇賜典冊襲王 私改年號 遂爲海東盛國 地有五京-十五府-六十二州 後唐
天成初 契丹攻破之 其後爲丹所制 *三國史云* *儀鳳三年* *高宗戊寅* *高麗*
殘孽類聚 *北依太伯山下* *國號渤海* *開元二十年間明皇遣將討之* *又聖德王*
三十二年 *玄宗甲戌* *渤海靺鞨* *越海侵唐之登州* *玄宗討之* *又新羅古記云*
高麗舊將祚榮姓大氏 *聚殘兵* *立國於太伯山南* *國號渤海* *按上諸文* *渤海*
乃靺鞨之別種 *但開合不同而已* *按指掌圖* *渤海在長城東北角外* 賈耽郡國
志云 渤海國之鴨淥南海扶餘橻城四府 竝是高麗舊地也 自新羅泉井郡
地理志 *朔州領縣有泉井郡* *今湧州* 至橻城府 三十九驛 又三國史云 百
濟末年 渤海靺鞨新羅分百濟地 *據此* *則靺海又分爲二國也* 羅人云 北有
靺鞨 南有倭人 西有百濟 是國之害也 又靺鞨地接阿瑟羅州 又東明記云
卒本城地連靺鞨 *或云今東眞* 羅第六祇麻王十四年 *乙丑* 靺鞨兵大入
北境 襲大嶺柵 過泥河 後漢書 靺鞨作勿吉 指掌圖云 挹屢與勿吉皆肅慎
也 黑水 沃沮 按東坡指掌圖 辰韓之北 有南北黑水 按東明帝立十年 滅

北沃沮 溫祚王四十二年 南沃沮二十餘家來投新羅 又赫居世五十三年 東沃沮來獻良馬 則又有東沃沮矣 指掌圖 黑水在長城北 沃沮在長城南

伊西國

弩禮王十四年 伊西國人來攻金城 按雲門寺古傳諸寺納田記云 貞觀六年壬辰 伊西郡今郚村零味寺納田 則今郚村今淸道地 卽淸道郡 古伊西郡

五伽耶

五伽耶 *按駕洛記贊云 垂一紫纓 下六圓卵 五歸各邑 一在玆城 則一爲首露王 餘五各爲五伽耶之主 金官不入五數 當矣 而本朝史略 竝數金官 而濫記昌寧 誤*

阿羅 *一作耶* 伽耶 *今咸安* 古寧伽耶 *今咸寧* 大伽耶 *今高靈* 星山伽耶 *今京山一云碧珍* 小伽耶 *今固城* 又本朝史略云 太祖天福五年庚子 改五伽耶名 一金官 *爲金海府* 二古寧 *爲加利縣* 三非火 *今昌寧恐高靈之訛* 餘二阿羅星山 *同前 星山或作碧珍伽耶*

北扶餘

古記云　前漢宣帝神爵三年壬戌四月八日　天帝降于訖升骨城　*在大遼醫州界*　乘五龍車　立都稱王　國號北扶餘　自稱名解慕漱　生子名扶婁　以解爲氏焉　王後因上帝之命　移都于東扶餘　東明帝繼北扶餘而興　立都于卒本州爲卒本扶餘　卽高句麗之始祖　*見下*

東扶餘

北扶餘王解夫婁之相阿蘭弗　夢　天帝降而謂曰　將使吾子孫　立國於此　汝其避之　*謂東明將興之兆也*　東海之濱　有地名迦葉原　土壤膏腴　宜立王都阿蘭弗勸王　移都於彼　國號東扶餘　夫婁老無子　一日祭山川求嗣　所乘馬至鯤淵　見大石　相對俠(淚)流　王怪之　使人轉其石　有小兒　金色蛙形　王喜曰　此乃天賚我令胤乎　乃收而養之　名曰金蛙　及其長　爲太子　夫婁薨　金蛙嗣位爲王　次傳位于太子帶素　至地皇三年壬午　高麗王無恤伐之　殺王帶素　國除

高句麗

高句麗　卽卒本扶餘也　或云今和州　又成州等　皆誤矣　卒本州在遼東界　國

史高麗本記云 始祖東明聖帝姓高氏 諱朱蒙 先是 北扶餘王解夫婁 既避

地于東扶餘 及夫婁薨 金蛙嗣位 于時得一女子於太伯山南優渤水 問之

云我是河伯之女 名柳花 與諸弟出遊 時有一男子 自言天帝子解慕漱 誘

我於熊神山下 鴨淥邊室中知之 而往不返 *壇君記云 君與西河河伯之女要*

親 有産子 名曰夫婁 今按此記 則解慕漱私河伯之女 而後産朱蒙 壇君記

云 産子名曰夫婁 夫婁與朱蒙異母兄弟也 父母責我無媒而從人 遂謫居于

此 金蛙異之 幽閉於室中 爲日光所照 引身避之 日影又逐而照之 因而有

孕 生一卵 大五升許 王棄之與犬猪 皆不食 又棄之路 牛馬避之 棄之野

鳥獸覆之 王欲剖之 而不能破 乃還其母 母以物裹之 置於暖處 有一兒

破殼而出 骨表英奇 年甫七歲 岐嶷異常 自作弓矢 百發百中 國俗謂善射

爲朱蒙 故以名焉 金蛙有七子 常與朱蒙遊戲 技能莫及 長子帶素言於王

曰 朱蒙非人所生 若不早圖 恐有後患 王不聽 使之養馬 朱蒙知其駿者

減食令瘦 駑者善養令肥 王自乘肥 瘦者給蒙 王之諸子與諸臣將謀害之

蒙母知之 告曰 國人將害汝 以汝才略 何往不可 宜速圖之 於是蒙與烏伊

等三人爲友 行至淹水 *今未詳* 告水曰 我是天帝子 河伯孫 今日逃遁 追

者垂及 奈何 於是魚鼈成橋 得渡而橋解 追騎不得渡 至卒本州 *玄菟郡之*

界 遂都焉 未皇作宮室 但結廬於沸流水上居之 國號高句麗 因以高爲氏

本姓解也 今自言是天帝子 承日光而生 故自以高爲氏 時年十二歲 漢孝

元帝建昭二年甲申歲 卽位稱王 高麗全盛之日 二十一萬五百八戶 珠琳傳

第二十一卷載 昔寧禀離王侍婢有娠 相者占之曰 貴而當王 王曰 非我之

胤也 當殺之 婢曰 氣從天來 故我有娠 及子之産 謂爲不祥 捐圈則猪噓

棄欄則馬乳 而得不死 卒爲扶餘之王 *卽東明帝爲卒本扶餘王之謂也 此卒*

本扶餘 亦是北扶餘之別都 故云扶餘王也 寧禀離 乃夫婁王之異稱也

卞韓 百濟 *亦云 南扶餘 卽泗沘城也*

新羅始祖赫居世卽位十九年壬午 卞韓人以國來降 新舊唐書云 卞韓苗裔
在樂浪之地 後漢書云 卞韓在南 馬韓在西 辰韓在東 致遠云 卞韓 百濟
也 按本紀 溫祚之起 在鴻嘉四年甲辰 則後於赫居世-東明之世 四十餘年
而唐書云 卞韓苗裔在樂浪之地云者 謂溫祚之系出自東明 故云耳 或有
人出樂浪之地 立國於卞韓 與馬韓等竝峙者 在溫祚之前爾 非所都在樂
浪之北也 或者 濫九龍山亦名卞那山 故以高句麗爲卞韓者 盖謬 當以古
賢之說 爲是 百濟地自有卞山 故云卞韓 百濟全盛之時 十五萬二千三百
戶

辰韓 *亦作 秦韓*

後漢書云 辰韓者老自言 秦之亡人適韓國 而馬韓割東界地以與之 相呼爲
徒 有似秦語 故或名之爲秦韓 有十二小國 各萬戶 稱國 又崔致遠云 辰
韓本燕人避之者 故取涿水之名 稱所居之邑里 云沙涿 漸涿等 *羅人方言*
讀涿音爲道 故今或作沙梁 梁亦讀道 新羅全盛之時 京中十七萬八千九百
三十六戶 一千三百六十坊 五十五里 三十五金入宅 言富潤大宅也 南宅

北宅 亏比所宅 本彼宅 梁宅 池上宅 *本彼部* 財買井宅 *庾信公祖宗北維*
宅 南維宅 *反香寺下坊* 隊宅 賓支宅 *反香寺北* 長沙宅 上櫻宅 下櫻宅
水望宅 泉宅 楊上宅 *梁南* 漢岐宅 *法流寺南* 鼻穴宅 *上同* 板積宅 芬皇
寺上坊 別敎宅 *川北* 衙南宅 金楊宗宅 *梁官寺南* 曲水宅 *川北* 柳也宅
寺下宅 沙梁宅 井上宅 里南宅 *亏所宅* 思內曲宅 池宅 寺上宅 *大宿宅*
林上宅 *靑龍之寺東方有池* 橋南宅 巷叱宅 *本彼部* 樓上宅 里上宅 椧南
宅 井下宅

又四節遊宅

春 東野宅 夏 谷良宅 秋 仇知宅 冬 加伊宅
第四十九憲康大王代 城中無一草屋 接角連墻 歌吹滿路 晝夜不絶

新羅始祖 赫居世王

辰韓之地 古有六村 一曰 閼川楊山村 南今曇嚴寺 長曰謁平 初降于瓢嵓
峰 是爲及梁部李氏祖 *弩禮王九年置 名及梁部 本朝太祖天福五年庚子*
改名中興部 波潛東山彼上東村屬焉 二曰 突山高墟村 長曰蘇伐都利 初
降于兄山 是爲沙梁部 *梁讀云道 或作涿 亦音道* 鄭氏祖今曰南山部 仇良
伐 麻等烏 道北 廻德等南村屬焉 *稱今曰者 太祖所置也 下例知* 三曰
茂山大樹村 長曰俱 *一作仇* 禮馬 初降于伊山 *一作皆比山* 是爲漸梁 一

作渳 部 又牟梁部孫氏之祖 今云長福部 朴谷村等西村屬焉 四曰 觜山珍

支村 長曰智伯虎 初降于花山 是爲本彼部崔氏祖 今曰通仙部 柴巴等東

南村屬焉 致遠乃本彼部人也 今皇龍寺南味呑寺南有古墟云 是崔侯古宅

也 殆明矣 五曰 金山加利村 *今金剛山栢栗寺之北山也* 長曰祗沱 *一作只*

他 初降于明活山 是爲漢岐部 又作韓岐部 裵氏祖 今云加德部 上下西知

乃兒等東村屬焉 六曰 明活山高耶村 長曰虎珍 初降于金剛山 是爲習比

部薛氏祖 今臨川部 勿伊村 仍仇旀村 闕谷 *一作葛谷* 等東北村屬焉 按

上文 此六部之祖 似皆從天而降 弩禮王九年 始改六部名 又賜六姓 今俗

中興部爲母 長福部爲父 臨川部爲子 加德部爲女 其實未詳 前漢地節元

年壬子 *古本云 建虎元年 又云 建元三年等 皆誤* 三月朔 六部祖各率子

弟 俱會於閼川岸上 議曰 我輩上無君主臨理蒸民 民皆放逸 自從所欲 盍

覓有德人 爲之君主 立邦設都乎 於是乘高南望 楊山下蘿井傍 異氣如電

光垂地 有一白馬跪拜之狀 尋撿之 有一紫卵 *一云靑大卵* 馬見人長嘶上

天 剖其卵得童男 形儀端美 驚異之 浴於東泉 *東泉寺在詞腦野北* 身生光

彩 鳥獸率舞 天地振動 日月淸明 因名赫居世王 *蓋鄕言也 或作不矩內王*

言光明理世也 設者云 是西述聖母之所誕也 故中華人讚仙桃聖母 有娠賢

肇邦之語是也 乃至鷄龍現瑞産閼英 又焉知非西述聖母之所現耶 位號曰

居瑟邯 *或作居西干 初開口之時 自稱云 閼智居西干 一起 因其言稱之*

自後爲王者之尊稱 時人爭賀曰 今天子已降 宜覓有德女君配之 是日 沙

梁里閼英井 *一作娥利英井* 邊 有鷄龍現而左脇誕生童女 *一云龍現死 而*

剖其腹得之 姿容殊麗 然而唇似鷄觜 將浴於月城北川 其觜撥落 因名其

川曰撥川 營宮室於南山西麓 今昌林寺 奉養二聖兒 男以卵生 卵如瓠

鄉人以瓠爲朴 故因姓朴 女以所出井名名之 二聖年至十三歲 以五鳳元年
甲子 男立爲王 仍以女爲后 國號徐羅伐 又徐伐 *今俗訓京字云徐伐 以*
此故也 或云斯羅 又斯盧 初王生於鷄井 故或云鷄林國 以其鷄龍現瑞也
一說 脫解王時得金閼智 而鷄鳴於林中 乃改國號爲鷄林 後世遂定新羅之
號 理國六十一年 王升于天 七日後 遺體散落于地 后亦云亡 國人欲合而
葬之 有大蛇逐禁 各葬五體爲五陵 亦名蛇陵 曇嚴寺北陵是也 太子南解
王繼位

2부

『제왕운기』에서 읽는
단군과 고조선

◆ 단군과 고조선을 재확인시켜 준 『제왕운기』

『제왕운기帝王韻紀』는 이승휴(1224~1300)가 쓴 역사 서사시이다. 이승휴는 고려시대(918~1391) 정치가이자 학자로 고종 11년에 태어나 충렬왕 26년 77세에 사망하였다. 그의 생애는 고려 무신 집권 말기부터 몽골이 세운 원의 침략으로 고려왕조가 강화도로 피신하여 저항하다가 결국 항복하게 되면서 원나라의 간섭을 받던 시기였다. 뛰어난 문장을 인정받은 그는 원나라를 오가며 왕실에 충실한 문신이었다. 그러나 왕과 관청의 사치를 줄이고 백성의 빈곤을 돌보자는 취지의 상소로 왕의 미움을 받아 파직을 당했다. 이때 『제왕운기』를 서술하였다.

『제왕운기』는 중국 역사를 다룬 상권과 우리 역사를 기록한 하권으로 구성되었다. 상권은 중국 신화시대부터 몽골이 세운 원나라까지의 시대별 흥망성쇠를 7언시로 적었다. 하권은 단군조선부터 고려까지 각 나라의 성립과 멸망을 7언시로 읊었다. 이에 더하여 고려는 따로 태조 왕건부터 충렬왕까지의 왕들에 대하여 5언시로 읊었다.

『제왕운기』는 충렬왕 13년(1287)에, 『삼국유사』는 이보다 조금 앞선 충렬왕 7년(1281)에 완성되었다. 비슷한 시기에 나온 두 저서 모두 단군이 세운 고조선을 우리나라 최초의 국가로 보았다.

현재 고조선의 건국 시기는 서기전 2333년으로 알려져 있다. 이는 단군이 요임금 무진년에 조선을 세웠다는 『제왕운기』의 기록을 근거로 한 것이다. 『제왕운기』에는 『삼국유사』와 달리 '후조선後朝鮮'이라는 말이 나오는데, 이승휴는 단군조선 뒤에 이어진, 기자를 시작으로 41대에 걸쳐 928년 동안 존속되었던 기자조선을 후조선이라고 하였다.

본 글 2부에서는 『제왕운기』의 서문과 하권 중에서 단군과 고조선 및 서기 1세기 무렵 그 후예들이 세운 초기의 나라들에 대한 부분만으로 제한하여 다루었다.

● 『제왕운기』를 올리며 바치는 글

　　신 이승휴 아룁니다. 신이 삼가 『제왕운기』를 지어 상·하 두 권으로 엮어 바치는 것은, 이 부족한 선비가 삼분오전三憤五典을 읽으면서 거칠게나마 조금 깨달은 바가 있기 때문입니다.(삼분오전은 중국사의 시작을 알리는 전설적인 삼황오제三皇五帝 시대의 글을 말한다. 삼분三憤은 성인聖人으로 알려진 복희伏羲, 신농神農, 황제黃帝로 이어지는 세 임금 시대의 글이다. 전설적인 삼황은 복희, 신농, 황제를 비롯하여 복희씨, 여와씨, 신농씨, 또는 복희씨, 신농씨, 수인씨라거나 천황, 지황, 인황이라는 등 여러 설이 있다. 그 뒤를 이은 황제 또는 소호, 전욱, 제곡, 요, 순 다섯 명의 임금을 오제五帝라 부르는데, 이 시대의 글을 오전이라고 한다) 비록 저의 지식은 반딧불이처럼 작고 보잘것없지만, 그래도 해와 달의 큰 밝음에 조금이나마 도움이 되기를 바라며 이 책을 올립니다. 신 승휴 참으로 황공하고, 또 황공한 마음으로 거듭 머리 숙여 인사 올립니다.

　　삼가 생각하건데 우리 주상전하고려 제25대 충렬왕, 재위 1274~1308께서는 주周나라서기전 1046~서기전 256 때보다 성대한 시대를 펼치셨습니다. 또

폭군인 하夏나라서기전 2070~서기전 1600의 걸왕을 무너뜨리고 덕을 베풀어 백성을 구한 상商나라서기전 1600~서기전 1046(은殷이라고도 한다)의 탕왕보다 밝으십니다. 천자의 누이를 왕비로 삼으셨으니 어찌 삼한三韓에서 그 누가 일찍이 이런 왕으로서 용루龍樓의 흥성함을 보았겠습니까.(고려 충렬왕은 원나라 황제 쿠빌라이의 딸을 왕비로 맞이하였다. 쿠빌라이의 아들이며 황태자였던 친킨의 누이를 왕비로 맞이하였으므로 황제의 누이라고 한 것이다) 생각하건데 실로 백 대代를 세어보아도 듣기 어려우며, 만 세대를 거쳐도 만나기 어려운 때를 우리 주상전하께서 이루신 것입니다.

엎드려 생각하건대, 신은 선대를 모시며 남기신 조서를 따르고 하늘 가운데 해가 떠오르는 상서로운 날들에 보답하면서 왕의 어가를 뫼시고 동서 여기저기를 다닌 인연으로 관직의 단계를 뛰어넘어 화려하고 주요한 직책에 임명되었습니다.(이승휴는 30여 년을 끌어온 대몽항쟁이 끝나는 시기에 사신의 한 사람으로 고려와 원나라를 오갔으며 태자로 원에 머물고 있던 충렬왕을 모시고 무사히 고려로 돌아와 즉위를 도왔다) 머리부터 발끝까지 온몸이 임금님의 은혜에 흠뻑 빠졌으니, 그 은혜는 머리카락을 뽑아 헤아리고 맑은 실로 곤룡포를 기워도 모자랍니다. 그러나 인연과 운명이 박하여 도리어 관직을 잃고 몸이 한가하게 되었습니다. 전하를 뵈올 길 없어 한탄스럽지만, 만수무강을 축원할 수 있는 것만으로도 기쁠 따름입니다. 마음은 불교에 귀의하고 눈은 불경을 읽습니다. 만 권의 책과 밝은 창은 늘 해를 뒤쫓아 가며 변하는 세월에 뜻도 지치고 몸도 노쇠해지는데, 구중궁궐은 늘 봄으로 세월이 가

도 늦지 않습니다.(옛 유학자들의 글에서 해나 하늘, 구중궁궐은 대체로 임금을 상징한다)

또한 생각해 보니, 이 변변치 않은 글이 저의 평생의 업입니다. 벌레 소리와 같은 미천한 글이라 여기시는 것이 당연하지만, 신 승휴는 임금님을 사모하고 그리워하는 마음을 담아 이 글을 마련하였습니다.

그리하여 마침내 옛날부터 지금까지, 삼황이 전하고 오제가 이어받은 중국의 역사를, 태초에 하늘과 땅을 창조했다는 전설적인 반고로부터 금金나라(1115~1234)에 이르기까지 살펴 정리하였습니다. 그리고 우리 동국은 단군으로부터 우리 본조本朝(자기 나라를 일컫는 말로 고려를 가리킨다)에 이르기까지를 살펴, 나라마다 처음 일어나게 된 근원을 책과 선조先祖들이 서로 주고받은 편지 등에서 두루두루 다 찾아, 같고 다른 것을 비교하여 중요한 것만을 취하여 글의 운율에 따라 시를 지었습니다. 나라에서 나라로, 임금에게서 임금에게로, 서로 계승하여 주고받으며 세우고 발전시킨 것은 모두 손바닥을 보듯이 분명합니다. 무릇 선대先代를 이어 말하고 행한 역사 기록을 버리거나 취함에 있어서는, 사사로운 마음 없이 선명하게 옳고 그름을 분명히 밝혔습니다.

엎드려 바라옵건대, 성스러운 품위와 넉넉한 마음을 널리 보이시어, 마음에 들지 않는 사람이 쓴 글이라고 버리지는 말아주십시오. 잠시나마 전하의 빛나는 총명함을 빌려주시고, 시간을 허락하여 이 글을 읽어주시기 바랍니다. 더불어 해당 관서에 이 글을 맡기시어 편찬하게 해주시고, 후세 사람들이 읽으면서 권장하고 경계하는 일로 삼게 해주십시오. 신 이승휴는 실로 황송하고 두려운 마음으로 머리를 조아리고 또 조아리며 삼가 말씀 올립니다.

지원 24년(1287) 3월 일 두타산거사(거사: 벼슬하지 않은 선비) 신하 이승휴 올림

帝王韻紀進呈引表
제왕운기진정인 표
제왕운기를 올리며 바치는 글

臣承休言 臣謹編修 帝王韻紀 分爲兩卷 繕寫以進者
신승휴언 신근편수 제왕운기 분위양권 선사이진자
신 승휴 말씀 올립니다. 신이 조심스럽게 『제왕운기』를 집필하여 두 권으로 엮어 바로잡아 고치고 필사하여 바칩니다.

牛襟下士 粗得曉於典墳 螢燭末光 期助明於日月
우금하사 조득효어전분 형촉말광 기조명어일월
신은 소처럼 우매하고 학식이 부족한 말단 선비입니다만, 전분(삼분오전으로 전설적인 삼황오제시대 성인들이 남긴 글)을 읽고, 거칠고 미흡하나마 조금 깨닫게 되었습니다. 반딧불이처럼 보잘것없이 작은 빛이지만 해와 달의 밝음에 조금이나마 도움이 되기를 바랍니다.

臣承休 誠惶誠恐頓首頓首

신 승 휴 성 황 성 공 돈 수 돈 수

신 승휴는 참으로 황송하고 두려운 마음으로 머리 숙여 인사하고 또 머리 숙이며 이 글을 올립니다.

恭惟我 主上殿下 於周爲盛 于湯有光 天妹爲妃

공 유 아 주 상 전 하 어 주 위 성 우 탕 유 광 천 매 위 비

삼가 생각하건대 우리 주상전하(충렬왕)께서는 주周나라서기전 1046~서기전 256 때보다 성대한 때를 여셨고, 은殷나라서기전 1600~서기전 1046를 일으킨 탕왕湯王보다 밝으십니다. 또 천자의 누이를 왕비로 맞이하신 분입니다.

夫豈三韓 曾見龍樓成集 實惟百代難聞 萬世奇逢 一時鍾在

부 기 삼 한 증 견 용 루 성 집 실 유 백 대 난 문 만 세 기 봉 일 시 종 재

일찍이 삼한(우리나라를 일컬음)의 역사에서 누가 이런 용루(왕가를 상징)의 흥성함을 보았겠습니까. 실로 백 대를 세어도 듣지 못했으며, 만 세대를 거쳐도 만나기 어려운 때를 우리 주상(충렬왕)께서 맞이하신 것입니다.

伏念 臣陪先代遺弓之詔 報中天昇日之祥 因緣扈駕以西東

복 념 신 배 선 대 유 궁 지 조 보 중 천 승 일 지 상 인 연 호 가 이 서 동

엎드려 생각하건대 신은 선대를 모시며 남기신 조서(임금의 명)를 따르고, 하늘 가운데 해가 떠오르는 상서로운 날들에 보답하고자 임금님의

수레를 모시며 동서로 다니는 인연이 있었습니다.(이승휴는 제24대 원종을 섬겼다. 원종이 승하하자 당시 원나라에 머물고 있던 태자를 모시러 갔으며, 함께 무사히 귀국하였다. 태자가 곧 제25대 충렬왕이다)

除拜超階於華要 自頂至踵 洽然湛露淪身
제배초계어화요 자정지종 흡연담로윤신

그러한 인연으로 관직의 서열을 뛰어넘어 중요한 요직을 맡고, 머리부터 발끝까지 온몸이 임금님의 은혜에 흠뻑 빠졌습니다.

擢髮數恩 行以淸絲補袞 乃緣命薄 返得身閑
탁발수은 행이청사보곤 내연명박 반득신한

이 은혜는 머리카락을 뽑아 헤아리고 맑은 실로 곤룡포를 짓는다 해도 모자랍니다. 그런데 인연과 운명이 박하여 곁에서 모시지 못하고 오히려 몸이 한가하게 되었습니다.

嗟無計於覲天 喜祝齡之有地 心歸佛隴 目屬虯函
차무계어도천 희축령지유지 심귀불롱 목속규함

하늘(임금)을 뵈올 길 없게 되어 한탄스럽지만, 그래도 주상전하의 만수무강을 기원할 수 있는 것으로도 기쁠 뿐입니다. 마음은 불교에 귀의하고 눈은 불경을 읽습니다.

萬軸明窓 趁日志疲之消息 九重丹禁 恒春不老之光陰
만축명창 진일지피지소식 구중단금 항춘불노지광음

만 권의 책과 밝은 창은 해를 쫓아 그 뜻이 세월의 변화에 병들고 지치는데, 구중궁궐은 항상 봄으로 세월이 가도 늙지 않습니다.

抑念 唯茲不腆之文 是我平生之業 宜以蟲吟之無譜 聊申鶴戀之有加

억념 유자부전지문 시아평생지업 의이충음지무보 요신학연지유가

또한 생각해 보니 이 변변치 않은 글이 저의 평생의 업입니다. 벌레 소리 같은 미천한 글이라 여기시는 것은 당연하지만, 오로지 임금님을 사모하고 그리워하는 마음을 담아 이 글을 마련했습니다.

遂乃古往今來 皇傳帝受 中朝 則從盤古而至於金國

수내고왕금래 황전제수 중조 즉종반고이지어금국

이에 드디어 옛날부터 지금까지 삼황이 전하고 오제가 받아 온(세대世 代를 이어 임금이 전하고 임금이 받아 계승한) 중국의 역사를, 즉 태초에 하늘과 땅을 창조했다는 전설적인 반고로부터 금金나라(1115~1234)에 이르기까지 정리하였습니다.

東國 則自檀君而洎我本朝

동국 즉자단군이계아본조

동국(우리나라)은 단군 이래로 우리 본조(고려)에 이르기까지(당 시대인 고려 충렬왕까지) 살폈습니다.

肇起根源 窮搜簡牘 較異同而撮要 仍諷詠以成章

조기근원 궁수간독 교이동이촬요 잉풍영이성장

처음 일어나게 된 근원과 시작에 대하여 책과 서찰 등을 다 찾아보면서 서로 같고 다른 것을 비교하여 중요한 것들을 취하여 글의 운율을 따라 읊었습니다.(제왕운기는 7언시와 5언시 노래 형태로 지었다)

彼相承授受之興立 如指諸掌 凡肯搆云爲之取捨 可灼於心
피상승수수지흥립 여지제장 범긍구운위지취사 가작어심

서로 계승하여 주고받으며 세우고 발전시킨 것은 마치 손바닥을 보는 것처럼 분명합니다. 무릇 선대先代를 이어 말하고 행한 것을 버리거나 취함에 있어서는 마음에 거리낌 없이 옳고 그름과, 사실이 맞는지를 분명히 하고 사사로움은 배제하였습니다.

伏望 優推聖知 無以人廢 暫借离明之炤 許垂乙夜之觀
복망 우추성지 무이인폐 잠차이명지소 허수을야지관

엎드려 바라옵건대, 성스러운 품위와 넉넉한 마음을 널리 드러내시어, 마음에 들지 않는 사람이 쓴 글이라 하여 버리지는 말아주십시오. 잠시나마 임금님의 빛나는 총명함을 빌려주시어, 시간을 허락하여 이 글을 읽어주시기 바랍니다.

付外施行 爲後勸誠 臣誠惶誠恐頓首頓首 謹言
부외시행 위후권계 신성황성공돈수돈수 근언

더불어 해당 관서에 이 글을 맡겨 편찬하게 하시어, 후세 사람들이 권장하고 경계하는 일로 삼게 해주시옵소서. 신은 실로 황송하고 두려운 마음으로 머리를 숙이고 또 숙이며 조심스럽게 인사 올립니다.

至元二十四年三月　日　頭陀山居士臣李承休

지원이십사년삼월　일　두타산거사신이승휴

1287년 3월 모일 두타산거사(거사: 벼슬하지 않은 선비) 신하 이승휴

● 『제왕운기』 하권

-『제왕운기』 하권 머리말-

두타산거사 신 이승휴 지어 올립니다.

         -동국의 군왕들이 건국한 나라의 연대사를 쓰며-

  이 글은 삼가 국사를 살펴 각각의 「본기」와 『수이전』에 실린 것을 널리 취하여 기록하였습니다. 여기에 중국의 요순시대 이후로 편찬된 모든 성현聖賢들과 선사先師께서 남기신 경經(성인들이 남긴 글), 전傳(현인들이 남긴 글), 자子(스승의 글), 사史(역사책)의 내용을 살펴 헛된 말을 버리고 올바르고 이치에 맞는 말들을 취하여 그 사적史籍을 7언시로 노래하였습니다. 나라가 흥하고 망한 연대를 모두 밝히니 전체 1,460글자가 되었습니다.

帝王韻紀 卷 下

제왕운기 권 하

頭陀山居士 臣 李承休 製進

두타산거사 신 이승휴 제진

두타산거사 신하 이승휴 지어 올립니다.

東國君王開國年代　幷序

동국군왕개국연대　병서

동국 군왕들이 개국한 연대사를 쓰며

謹據國史 旁採各本紀與夫殊異傳所載

근거국사 방채각본기여부수이전소재

국사에 근거하여 널리 살펴 각 「본기」의 내용과 『수이전』에 실린 것을 취하여 그 내용을 기록하였습니다.

粲諸堯舜已來經傳子史 去浮辭取正理 張其事而詠之

참제요순이래경전자사 거부사취정리 장기사이영지

요순시대 이래로 내려오는 경(성인들이 남긴 글), 전(현인들이 남긴 글), 자(스승의 글), 사(역사책)의 내용을 살펴 헛된 말은 버리고, 바르고 이치에 맞는 말들을 가려서 그 사적을 읊었습니다.

以明興亡年代 凡一千四百六十言

이명흥망년대 범일천사백육십언

나라마다 흥하고 망한 연대를 밝히니 모두 1,460글자가 되었습니다.

● 단군조선

요하遼河강 동쪽에 특별한 세상이 하나 따로 있다. 홀연히 저 홀로 나타나 중국의 역사와는 따로 구분된 세상이다. 그곳은 널리 넓고도 넓은 바다가 삼면을 둘러싸고 오직 북쪽으로만 큰 언덕이 실처럼 육지에 연결되어 있다. 요동을 중심으로 사방 천 리가 모두 조선이다. 빼어나게 아름다운 강산은 천하에 이름을 날렸다. 밭 갈아 곡식 얻고, 우물 파서 물 마시며 집집마다 서로 예의를 갖추니 중화 사람들이 칭찬하는 글로 작은 중국, 소중화小中華라고 하였다.

이 특별한 천하에 누가 처음 나라를 세웠는가. 하늘임금 석제의 자손으로 그 이름 단군이시다. 「본기」에 따르면 하늘임금인 상제 환인에게 환웅이라는 서자가 있었다. 상제께서 아들 환웅에게 "저 하늘 아래 삼위태백에서 널리 인간을 이롭게 할 만하다"고 말씀하셨다. 그리고 하늘의 위엄과 권위를 상징하는 천부인 세 개를 주어 하늘 아래 인간 세상으로 보냈다. 이에 환웅이 무리 3,000명을 거느리고 태백산 꼭대기에 있는 신령스러운 나무인 신단수神檀樹 아래 자리를 잡았다. 이때부터 환웅을 단웅천왕檀雄天王이라고 하였다. 단웅천왕께서 손녀에게 약을 먹여 사람이 되게 하였다. 손녀를 단수檀樹의 신과 혼인시키니 아들을 낳아 이름을 단군檀君이라고 하였다. 단군은 조선 땅에 근거하여 왕이 되었다. 이리하여 시라(신라), 고례(고구려), 남옥저, 북옥저, 북부여, 동부여, 예국, 맥국의 후손이 모두 이 단군의 후손인 것이다. 1038년 동안 나라를 다스리다가 아사달산에 들어가 신이 되었다. 단군은 죽지 않기 때문이다.

단군이 나라를 세운 때는 중국 요堯임금 시대로, 요임금 무진년에 나라를 세워 순舜임금을 지나 하夏나라 때까지 왕위에 계셨다.(중국의 역사는 반고라는 거인이 죽으면서 하늘과 땅 등의 만물을 창조한 후 전설적인 삼황이 나타났고, 이어서 황제, 전욱, 제곡, 요, 순 등의 오제가 차례로 나타나 세상에 필요한 지혜와 윤리 등을 전했다고 한다. 전설적인 오제 중의 한 명인 요임금 시절 단군이 조선을 세운 것이다. 오제의 뒤를 이어, 즉 순임금 뒤로 중국 최초의 나라인 하나라서기전 2070~1600가 세워졌다고 한다. 하나라를 이어 상나라서기전 1600~서기전 1046가 세워졌다. 상나라는 은나라라고도 한다) 은나라 무정 8년 을미년에 아사달산에 들어가 산신이 되었다. 아사달산은 지금의 구월산인데 궁홀산 또는 삼위산으로 불리기도 한다. 이곳에는 아직도 단군을 모시는 사당이 있다.

나라를 다스리신 해가 1028년이니, 이것이야말로 상제 환인께서 전해 주신 신통한 변화의 능력 덕분이 아니겠는가. 단군께서 신이 되어 떠나신 지 164년 뒤에야 어진 사람이 다시 나타나 군신의 관계를 만들었다. 즉 다시 나라를 건국했다. 이 부분을 다른 책에서는 164년 동

안 부자의 관계는 있었으나 군신의 관계는 없었다고 말한다.(즉, 나라 형태가 없었다)

遼東別有一乾坤

요동별유일건곤

요하강 동쪽 특별한 천하 하나

斗與中朝區以分

두여중조구이분

홀연히 떨어져 중국 역사와 구분되네

一作華句

일자화구

중조中朝, 즉 중국은 일명 중화中華 라고도 한다.

洪濤萬頃圍三面

홍도만경위삼면

삼면 모두 드넓은 바다로 둘러싸이고

於北有陵連如線

어북유릉연여선

북쪽만 큰 언덕이 실처럼 연결되었네

中方千里是朝鮮

중방천리시조선

가운데 사방 천 리, 여기가 조선이라

江山形勝名敷天

강산형승명부천

빼어난 강산 천하에 이름 날리고

耕田鑿井禮義家

경전착정예의가

밭 갈고 우물 파며 예의로운 집들

華人題作小中華

화인제작소중화

중국 사람들이 작은 중화라 칭송하네

初誰開國啓風雲

초수개국계풍운

이 땅에 누가 처음 나라 열었나

釋帝之孫名檀君

석제지손명단군

하늘임금 석제의 자손, 단군이시네

本紀日 上帝桓因 有庶子 日雄云云

본기왈 상제환인 유서자 왈웅운운

「본기」에 따르면, 하늘임금 상제 환인에게 서자가 있어 그 이름이 환
웅이라고들 하였다.

謂日 下至三危太白 弘益人間歟

위왈 하지삼위태백 홍익인간여

상제 환인께서 환웅에게 말씀하시길, "저 아래 삼위태백에서 널리 인
간을 이롭게 할 만하다"고 하셨다.

故雄 天符印三箇 率鬼三千 而降太白山頂神檀樹下

고웅 수천부인3개 솔귀3천 이강태백산정신단수하

환인이 (하늘의 상징) 천부인 세 개를 환웅에게 주자, 환웅이 무리 3천
명을 거느리고 삼위태백 아래, 태백산 꼭대기 신단수 아래로 내려왔다.

是謂檀雄天王也云云

시위단웅천왕야운운

이때부터 환웅을 단웅천왕이라고들 불렀다.

令孫女飲藥 成人身 與檀樹神婚而生男名檀君 據朝鮮之域 爲王

령손녀음약 성인신 여단수신혼이생남명단군 거조선지역 위왕

단웅천왕께서 손녀에게 약을 먹여 사람이 되게 하였다. 단수의 신과
결혼시키니 아들을 낳았는데, 그의 이름이 단군이다. 단군은 조선 땅

에 근거하여 왕이 되었다.

故尸羅 高禮 南北沃沮 東北扶餘 穢與貊 皆檀君之壽也
고시라 고례 남북옥저 동북부여 예여맥 개단군지수야
이렇게 시작한 단군의 조선으로부터 이후의 나라들 신라, 고구려, 남옥
저, 북옥저, 동부여, 북부여, 예국, 맥국 등은 모두 단군의 후예이다.

理一千三十八年 入阿斯達山 爲神 不死故也
리일천삼십팔년 입아사달산 위신 불사고야
단군은 1038년 동안 나라를 다스리시다가 아사달산에 들어가셔서 신
이 되셨다. 단군은 죽지 않기 때문이다.

竝與帝高興戊辰
병여제고흥 무진
단군은 요임금 무진년에 일어나

經虞歷夏居中宸
경우역하거중신
순의 시대와 하 왕조를 지나서

於殷虎丁八乙未
어은호정팔을미
은나라 무정 8년 을미년에

入阿斯達山爲神
임아사달산위신
아사달산에 들어가 신이 되셨네

今九月山也 一名弓忽 又名三危 祠堂猶在
금구월산야 일명궁홀 우명삼위 사당유재
아사달산은 지금의 구월산이라고 한다. 구월산은 일명 궁흘산 또는 삼
위산이라고도 한다. 단군을 모시는 사당이 그대로 있다.

享國一千二十八
향국일천이십팔
나라를 다스리신 해 1028년

無奈變化傳桓因
무내변화전환인
이 변화 상제 환인께서 전하신 것 아니겠는가.

却後一百六十四
각후일백육십사
그 뒤 164년 뒤에

仁人聊復開君臣
인인요복개군신

어진 이 다시 나라 여셨네

一作 爾後一百六十四 雖有父子 無君臣
일작 이후일백육십사 수유부자 무군신
다른 책에서는 그 뒤로 164년간 부자의 관계는 있었으나 군신의 관
계, 즉 나라의 형태는 없었다고 한다.

● 후조선 · 기자조선

　　후조선의 시조는 기자箕子이다. 기자는 주나라 무왕 즉위 원년 기묘
년서기전 1046 봄에 이곳으로 와서 나라를 세웠다.(기자는 은殷=상商나라 왕
조 사람이다. 은의 마지막 왕인 주왕紂王의 작은아버지이다. 주周 무왕이 은殷나
라서기전 1600~서기전 1046를 멸하고 주周나라서기전 1046~서기전 256가 천하의 주
인이 되자 동쪽으로 도망가서 나라를 세웠다고 한다) 무왕은 기자가 멀리
동쪽에서 나라를 세웠다는 소식을 듣고 그를 조선의 왕으로 봉했다.
즉 제후국의 왕으로 인정하였다. 왕으로부터 책봉을 받은 기자는 신하
로서 사례를 하지 않을 수 없어 무왕을 찾아뵙고 인사를 드렸다. 그러
자 무왕은 기자에게 옛 성인이 말한 아홉 가지 정치 규범인 홍범구주
를 물었다고 한다.

　　『상서』에는 다음과 같은 내용이 전한다.(옛 경전인 『상서尙書』는 『서경
書經』이라고도 하는데, 전설적인 요임금과 순임금, 하나라, 상나라, 주나라의 역
사 등을 적은 책이다) 주나라 무왕은 폭군 주왕이 다스리던 은나라를 멸
망시키고 중국의 새 주인이 되었다. 무왕은 은나라를 치고 은나라 왕
족王族인 기자를 가두었다. 그러자 기자는 조선 땅으로 도망가 나라를

세웠다. 기자가 멀리서 나라를 세웠다고 하자 무왕은 그에게 조선후朝
鮮侯라는 작위를 내려주어 신하로 삼았다. 기자는 왕으로부터 책봉을
받자 어쩔 수 없이 주나라를 찾아가 신하로서 예를 올렸다. 무왕은 현
자賢者로 소문난 기자에게 옛날 하나라 우왕이 전했다는 홍범구주에
대하여 물었다. 주나라가 세워진 지 13년째 되던 해였다.

기자의 후손인 제41대 왕 준은 다른 사람에게 나라를 빼앗기자 백
성을 버렸다. 단군 조선 이후 기 씨는 후조선을 928년 동안 다스렸다.
기자가 다스린 도덕정치의 아름다운 풍습과 순박한 기질은 조선에 계
속 남았다. 나라를 빼앗긴 준왕은 금마군으로 이주하여 그곳에 도읍을
세우고 다시 왕이 되었다.

後朝鮮祖是箕子
후 조 선 조 시 기 자
후조선의 시조는 기자

周虎元年己卯春
주 호 원 년 기 묘 춘
주 무왕 즉위한 기묘년 봄

逋來至此自立國
포 래 지 차 자 입 국
기자 달아나 스스로 나라 세웠네

周虎遙封降命綸

주호요봉강명륜

주 무왕 소문 듣고 조선왕에 책봉하니

禮難不謝乃入覲

예난불사내입근

예를 올리지 않을 수 없어 무왕을 알현하였네

洪範九疇問彝倫

홍범구주문이륜

홍범구주와 사람 도리를 물으시네

尙書疏云 虎王 箕子之囚 箕子走之朝鮮立國

상서소운 호왕 기자지수 기자주지조선입국

『상서』의 해석에 의하면, 주나라 무왕(무왕武王을 호왕虎王이라고 쓴 것은 고려 제2대 혜종의 이름인 무武를 피하기 위한 것이다. 당시 예법에 임금의 이름을 함부로 쓸 수 없었다)이 포악한 주왕紂王을 내쫓고 은나라를 멸망시켰다. 그리고 주왕의 작은아버지이자 은 왕조의 신하인 기자를 잡아 가두었다. 그러자 기자가 동쪽으로 달아나 조선을 세웠다.

虎王聞之因封焉 箕子受封 不得無臣禮 因謝入覲

호왕문지인봉언 기자수봉 부득무신례 인사입근

무왕이 기자가 달아나 조선을 세웠다는 것을 듣고 기자를 조선후로 책봉하였다. 이에 어쩔 수 없이 신하의 예를 드리게 된 기자가 주나라 무왕을 찾아뵙고 인사하였다.

虎王問洪範九疇 在周之十三年也 已下現於傳者 皆不注
호왕문홍범구주 재주지십삼년야 이하현어전자 개부주

그러자 무왕이 기자에게 홍범구주에 대하여 물었다.(홍범구주는 옛 성인의 정치 철학을 크게 아홉 가지로 설명한 글로, 기자의 현명함을 말하는 것이다.) 주나라가 세워진 지 13년째 되던 해의 일이다. 이하 아래에 전하는 이야기는 모두 주를 달지 않는다.

四十一代孫名準
사십일대손명준

기자의 41대 후손 준은

被人侵奪聊去民
피인침탈료거민

다른 사람에게 나라 뺏기고 백성을 떠났네

九百二十八年理
구백이십팔년리

928년을 다스리니

遺風餘烈傳熙淳

유풍여열전희순

남겨진 풍속 빛나고 순박하네

準乃移居金馬郡

준내이거금마군

준은 금마군으로 옮겨 살면서

立都又復能君人

입도우부능군인

도읍 세워 다시 임금 되었네

● 위만조선

　한나라 장수 위만은 원래 연나라에서 태어났다. 위만은 한漢 고조 12년 병오년, 서기전 195년에 조선의 준왕을 공격하여 그 나라를 뺏고 왕이 되었다.(기자조선이 멸망한 이유이다. 위만이 조선의 왕이 된 이후부터를 위만조선이라고 한다) 손자 우거왕대에 이르자 그 허물이 가득 찼다. 한나라 무제 원봉 3년 계유년, 서기전 108년에 무제는 군대를 일으키고 장수를 보내 우거왕을 토벌하게 하였다. 나라 사람들이 우거왕을 죽이고 한나라 군대를 환영하였다. 위만조선이 멸망하였으니, 그 아들을 비롯하여 손자 우거까지 3세대에 걸쳐 88년 만에 망한 것이다. 중국 한나라를 배반하고 기자조선의 준왕을 내쫓았으니 하늘의 벌을 받는 것은 당연한 것이다.

　위만조선이 망하자 그 땅에 임금과 나라가 사라졌다. 한漢나라(서기전 202~서기 220)의 일개 행정구역이 되어 네 개의 군으로 나누어져 갈라지고 말았다. 각 군의 우두머리 군장郡長이 백성들을 엮어 다스릴 뿐이었다. 진번군과 임둔군을 남북으로, 낙랑군과 현도군을 동서로 설치하였다. 사군四郡의 사람들은 서로 얕잡아 보고 싸우며 다투니, 저절로 사람 사는 도리가 끊어지고 풍속이 야박해졌다. 결국 모든 백성들의 생활이 편안하지 못했다. 그렇게 싸우며 때때로 모였다가 때때로 흩어지기를 반복하더니 자연히 경계가 이루어져 세 개의 한韓나라가 이루어졌다.

漢將衛滿生自燕
한장위만생자연
한漢 장수 위만은 원래 연나라 태생이네

高帝十二丙午年
고제십이병오년
한漢 고조 12년 병오년, 서기전 195년

來攻逐準乃奪國
래공축준내탈국
준왕을 공격하여 내쫓고 조선을 빼앗았네

至孫右渠盈厥愆
지손우거영궐건
손자 우거에 이르러 그 허물이 가득 차니

漢虎元封三癸酉
한호원봉삼계유

한漢 무제 원봉 3년 계유년, 서기전 108년에

命將出師來討焉
명장출사래토언
군사를 내어 우거왕을 토벌하라 명하였네

國人殺右渠迎師
국인살우거영사
조선 사람들이 우거왕을 죽이고 한漢 군사를 환영하였네

三世幷爲八十八
삼세병위팔십팔
위만조선은 3세대 88년

背漢逐準殃宜然
배한축준앙의연
한漢을 배반하고 준을 내쫓았으니 하늘의 벌 당연하구나

因分此地爲四郡
인분차지위사군
이리하여 조선이 네 개의 군으로 나뉘고

各置郡長綏民編

각치군장수민편

각 군 우두머리가 편의대로 백성 엮어

眞番臨屯在南北

진번임둔재남북

진번 임둔은 남북으로

樂浪玄菟東西偏

낙랑현도동서편

낙랑 현도는 동서로 설치하니

胥匡以生理自絶

서광이생리자절

갈라져 서로 싸우고 윤리 절로 끊어졌네

風俗漸醨民未安

풍속점리민미안

풍속 점점 야박해지니 백성들 편치 않네

隨時合散浮沈際

수시합산부침제

때때로 합쳤다가 때때로 흩어지기를 반복하더니

自然分界成三韓

자연분계성삼한

자연스럽게 나뉘어 세 개의 한韓 이루었네

● 삼한 및 그 밖의 여러 나라

삼한三韓에는 각각 주州와 현縣이 있어 여기저기 산과 산, 호수나 연못 사이에 흩어져 여러 마을이 이루어졌다. 그들은 각각 나라라고 칭하면서 서로 업신여기며 서로 침략하였다. 그러한 나라 수가 70여 개가 넘었다. 나라라고 칭한 것이 마한은 40개, 진한은 20개, 변한은 12개나 되었다. 그중에 어떤 나라가 큰 나라던가. 우선 부여와 비류가 있다.

먼저 부여의 이야기이다. 「단군본기」에 따르면 단군이 비서갑 하백의 딸과 혼인하여 아들을 얻어 부루라고 이름 지었다고 한다.

그리고 『삼국사기』 고구려 「동명왕본기」에는 다음과 같은 내용이 있다. 부여 왕 부루가 늙도록 아들이 없어 산천에 제사를 드리며 아들을 기원하였다. 그러던 중에 왕이 탄 말이 곤연에 이르렀는데, 말이 큰 돌을 보고 눈물을 흘렸다. 왕이 이를 기이하게 여기고 사람을 시켜 그 큰 돌을 치우게 하였더니 어린아이가 있었는데, 금색 개구리 모습을 하고 있었다. 왕이 말하길 "이는 필시 하늘이 나에게 내려주시는 후계자가 아니겠는가" 하고 데려와 태자로 삼았다. 이름은 금 금金과

개구리 와蛙를 써서 금와라고 하였다.

어느 날 부루왕의 재상 아란불이 와서 아뢰었다. "일전에 하늘이 제게 내려와 말하기를 '장차 나의 자손으로 이곳에 나라를 세우게 할 것이니, 너는 이곳을 피하라. 동쪽 바다 물길을 따라가면 가섭원이 있는데 토지가 좋아 오곡이 잘 자라니 가히 도읍을 세울 만한 곳'이라고 하셨습니다." 그러면서 부루왕에게 도읍 옮기기를 권하였다. 왕이 그 말을 듣고 도읍을 옮긴 후 그곳을 동부여라고 하였다.(이때부터 옮기기 전의 부여를 북부여라고 한다)

일찍이 신이승휴이 사신이 되어 상국上國(당시 원나라)으로 가는 길에 요하遼河강 강변길을 따라간 적이 있었는데, 그 길옆에 묘가 있었다. 그 지역 사람이 설명하길 부여 부마대왕의 묘라고 하였다. 또 가탐730 ~805이 남긴 책에도 커다란 들 남쪽에 압록강이 있는데, 모두 부여의 옛 땅이라고 하였다. 이로 보아 북부여는 당연히 요하遼河 주변에 있었을 것이다. 부여가 있었던 시기는 대체 조선 이후로부터 이때에 이르기까지 얼마나 되는 것일까?(부여의 성립 연대와 망한 연대 모두 정확한 기록이 없다)

비류에 대한 기록을 보자. 「동명왕본기」에 비류의 이야기가 전한다. 비류왕 송양이 동명왕에게 "나는 신선神仙의 후손으로 대대로 이 땅에서 왕을 하였는데, 지금 군君은 나라를 세운 지 얼마 안 되었으니 나를 모시며 내게 복종하는 것이 어떠한가?" 하였다고 한다. 이는 곧 송양의 비류국 또한 단군의 후손으로 의심할 만하다는 것이다.

이런 기록들을 보면, 조선 이후의 큰 나라로 부여와 비류를 말할 수 있겠고, 다음으로는 시라(신라)와 고례(고구려)가 있으며, 남옥저와 북옥저, 예와 맥 등이 있다. 이 여러 나라의 임금들이 모두 누구의 후손이겠는가? 조상 대대로 이어 온 이 임금들은 모두 단군으로부터 이어져 내려온 것이다. 그 밖의 또 다른 작은 나라로는 어떤 나라들이 있는가? 문헌에는 그 나라 이름들이 남아 있지 않아 알 수가 없다. 그런데 지금의 행정단위인 주州나 부府 또는 마을 이름이 예전에는 모두 나라 이름이었다고 한다. 그러나 마을 사람들끼리 서로 전하는 속설이니 맞는 말인지 아닌지 어찌 알겠는가.

한漢나라 무제재위 서기전 141~서기전 87는 먼 곳의 백성까지도 모두 얻어서 세상을 안정시키겠다는 큰 뜻을 상상했겠지만, 전쟁을 일으켜 조선의 백성이 안정할 곳에서 도리어 조선의 백성을 해치고 말았다. 이에 진한, 마한, 변한 사람들이 저마다 서로 일어나 마침내 세 발 달린 솥처럼 튼튼하게 섰고, 여기로부터 신라, 고구려, 백제가 차례로 건국되었다. 한나라가 이 땅에 네 개의 군을 설치한 이후 신라가 일어서기까지 햇수로 헤아려 72년이 되었다.

三韓各有幾州縣

삼한각유기주현

삼한 각각에 주가 있고 현이 있으나

蚩蚩散在湖山間

치치산재호산간

어수선하게 산과 산, 호수 사이에 흩어져 있네

各自稱國相侵凌

각자칭국상침능

저마다 나라라며 서로 업신여기며 침략하니

數餘七十何足徵

수여칠십하족징

그 수가 70여 개나 되네

稱國者 馬有四十 辰有二十 弁有十二

칭국자 마유사십 진유이십 변유십이

나라라고 칭하는 것이 마한에 40개, 진한에 20개, 변한에 12개이다.

於中何者是大國

어중하자시대국

이들 중에 큰 나라가 어떤 나라인가

先以扶餘沸流稱

선이부여비류칭

우선 부여와 비류를 말할 수 있네

檀君本紀曰 與非西岬河伯之女婚而生男 名夫婁

단군본기왈 여비서갑하백지녀혼이생남 명부루

「단군본기」에 따르면, 단군이 비서갑 하백의 딸과 혼인하여 아들을 낳아 이름을 부루라고 하였다.

東明本紀曰 扶餘王夫婁 老無子 祭山川 求嗣

동명본기왈 부여왕부루 노무자 제산천 구사

「동명왕본기」에 따르면, 부여 왕 부루가 늙도록 아들이 없어 산천에 제사를 드리러 다니며 아들 낳기를 기원하였다.

所御馬至鯤淵 見大石流殘 王怪而使人轉石

소어마지곤연 견대석류잔 왕괴이사인전석

왕이 탄 말이 곤연에 이르렀을 때 말이 큰 돌을 보며 눈물을 흘렸다. 왕이 괴이하게 여겨 사람들을 시켜 그 돌을 치우게 하였다.

有小兒 金色蛙形 王曰 天錫我令胤乎 立爲太子 名曰金蛙

유소아 금색와형 왕왈 천사아령윤호 입위태자 명왈금와

금색 개구리 모양의 어린아이가 있었다. 왕이 "이것은 하늘이 나에게 주시는 후계자로구나" 하면서 데려와 태자로 삼았다. 이름은 금

개구리라는 뜻의 금와라고 하였다.

其相阿蘭弗曰 日者 天降我曰 使吾子孫 立國於此 汝其避之
기상아란불왈 일자 천강아왈 사오자손 입국어차 여기피지

그 나라 재상 아란불이 왕(부루)을 찾아와 아뢰었다. "일전에 하늘이 내려와 말씀하시기를 '내 자손으로 하여금 여기에 나라를 세우게 할 것이니 너는 이곳을 피하거라.

東海濱有地 號迦葉原 土宜五穀 可都也 勸王移都 號東扶餘云云
동해빈유지 호가섭원 토의오곡 가도야 권왕이도 호동부여운운

동해 물가 쪽에 가섭원이라는 땅이 있는데 토양이 비옥하여 오곡이 잘 자라니 도읍을 세울 만하다'고 하셨습니다"라고 말하면서 나라 옮기기를 권하자 왕이 도읍을 옮기고 새 나라 이름을 동부여라고 하였다.(이때부터 이전 나라를 북부여라고 한다)

臣嘗使於上國 至遼濱路傍 有立墓 其人曰 扶餘駙馬大王墓也
신상사어상국 지요빈로방 유입묘 기인왈 부여부마대왕묘야

신(이승휴)이 사신으로 상국(원나라)을 가는 도중 요하 강가에 난 길을 따라간 적이 있는데 길옆에 묘가 있었다. 그 지역 사람이 그 묘가 부여 부마대왕의 묘라고 하였다.

又賈耽曰 大原南 鴨綠血 扶餘舊地 則北扶餘者 宜在遼濱
우가탐왈 대원남 압록혈 부여구지 즉북부여자 의재요빈

또 당나라 지리학자 가탐도 말하기를 "커다란 들판의 남쪽으로 압록

강이 흐르는 곳이 옛 부여의 땅이다"라고 하였으니, 북부여는 요하 주변으로 보는 것이 마땅하다.

其開國 蓋自後朝鮮 而至此 幾矣
기개국 개자후조선 이지차 기의

부여가 있었던 시기는 대체 조선 이후로부터 이때에 이르기까지 얼마나 되는 것일까?(부여의 성립 연대와 망한 연대 모두 정확한 기록이 없다)

東明本紀曰 沸流王松讓謂曰
동명본기왈 비류왕송양위왈

「동명왕본기」에 따르면 비류의 왕 송양이 다음과 같이 말했다.

予以仙人之後 累世爲王 今君造國 日淺 爲我附庸 可乎
여이선인지후 누세위왕 금군조국 일천 위아부용 가호

"나는 신선의 후손으로 대대손손 왕을 했다. 지금 군자의 나라(주몽이 세운 고구려)는 세운 지 얼마 안 되어 가진 것이 별로 없으니 나를 모시며 우리 비류국의 신하가 되는 것이 어떤가?"

則此亦疑檀君之後也
즉차역의단군지후야

이것은 곧 송양의 비류국 또한 단군의 후손으로 의심할 만한 말이다.

次有尸羅與高禮

차유시라여고례

그다음으로 신라와 고구려

南北沃沮穢貊膺

남북옥저예맥응

남옥저, 북옥저, 예, 맥이 있네

此諸君長問誰後

차제군장문수후

이 모든 임금들이 누구의 후손이겠는가

世系亦自檀君承

세계역자단군승

세세손손 역시 단군의 자손이라네

其餘小者名何等

기여소자명하등

그 밖의 다른 작은 나라 이름들은

於文籍中推未能

어문적중추미능

기록에 없어 알 수가 없구나

今之州府別號是

금지주부별호시

지금의 주나 부의 별호가 그 이름이라는데

諺說那知應不應

언설나지응불응

속설이 참인지 아닌지 어찌 알랴!

想得漢皇綏遠意

상득한황수원의

한 무제가 먼 곳의 백성을 얻어 편안하게 할 뜻이 있었다지만

定黎蒸處害黎蒸

정려증처해여증

오히려 먼 곳의 백성들을 괴롭히고 해를 끼친 것이 아닌가

辰馬弁人終鼎峙

진마변인종정치

진한 마한 변한 사람들이 마침내 세 발 달린 솥처럼 우뚝 일어섰고

羅與麗濟相次興

라여려제상차흥

신라 및 고구려, 백제가 차례로 일어나 서로 흥성하였네

自分爲郡至羅起

자분위군지라기

군으로 나뉜 후 신라가 일어서기까지

計年七十二算零

계년칠십이산령

햇수로 72년 걸렸네

● 신라와 혁거세왕

　신라 시조는 혁거세이다. 처음 태어날 때 사람이 아니었다. 푸르고 푸른 하늘로부터 알이 하나 내려왔다. 붉은 실에 묶인 알은 그 크기가 박만큼이나 컸다. 혁거세는 박만큼이나 큰 알에서 자랐다고 하여 성을 박씨라고 정했다. 신라 사람들은 表瓢 박 표를 박이라고 했다.(당시 한자를 빌려 글을 쓰던 시대에 박이라는 뜻을 나타내려면 뜻은 박이고 소리는 표인 '박 表瓢'를 써서 표씨가 되는데, 신라 사람들은 박을 뜻하면서 박이라는 뜻의 표를 쓰지 않고 박으로 소리 나는 글자 박朴으로 성씨를 삼았다) 혁거세가 하늘에서 내려왔으니 이 어찌 하늘의 뜻이 아니겠는가. 한나라 선제 오봉 원년 갑신년, 서기전 57년에 진한 땅에 경계를 짓고 나라를 세웠다. 이것이 신라의 시작이다. 나라 풍속이 순하고 아름다워 곳곳이 태평하였다. 성스러운 임금과 현명한 신하가 대대로 이어지니 복희씨 시대의 태평세월이란 이런 것이 아니겠는가. 관리와 백성이 모두 맑고 깨끗하며 서로 공경하니 남을 속이는 피해가 없었다. 남자나 여자나 모두 편하게 길을 다닐 때도 서로 따로 다녔다. 나라 사람들이 저마다 나그네를 대접하니 길 떠날 때 따로 양식을 준비하지 않아도 되었으며, 도둑이나 강도가 없으니 집집마다 문빗장을 잠그는 일이 없었다.

꽃피는 아침이나 달이 뜨는 저녁이나 서로 손잡고 놀러 다녔다. 가사
와 곡도 마음껏 지어 노래하였다. 혹은 계림에 감응하고 혹은 금궤에
감응하면서 석 씨와 김 씨가 번갈아 왕위에 올랐다.

新羅始祖奕居世
신라시조혁거세
신라 시조는 박혁거세

所出不是人間系
소출불시인간계
그 출생 인간계 아니라네

有卵降自蒼蒼來
유란강자창창래
푸르고 푸른 하늘에서 알이 내려왔는데

其太如瓢紅縷繫
기태여표홍누계
붉은 실에 박만큼이나 큰 알이 묶여 있었네

筒中長生因姓朴
통중장생인성박

박 같은 알 속에서 태어나 성을 박 씨라 하였네

羅人呼瓢爲朴

라인호표위박

신라 사람들은 瓢를 朴이라고 한다.(신라 사람들은 박을 표현하는 데 박이라는 뜻의 한자 瓢박 표를 사용하지 않고, 소리 나는 대로 한자 朴성 박 을 사용하였다)

此豈非爲天所啓

차기비위천소계

이 어찌 하늘의 계시가 아니겠는가!

漢宣五鳳元甲子

한선오봉원갑자

한나라 선제 오봉 원년 갑자년, 서기전 57년

開國辰韓定疆界

개국진한정강계

진한 땅에 경계 그어 나라 세웠네

風淳俗美都局平

풍순속미도국평

풍속이 순하고 아름다워 나라 곳곳이 태평하였네

聖君賢相臨相繼

성군현상림상계

성스러운 임금과 현명한 신하가 대대로 이어지니

羲皇上世何以加

희황상세하이가

복희씨 시대의 태평성세가 여기에 더할까

朝野肅穆無欺弊

조야숙목무기폐

관리나 백성이 모두 맑고 서로 공경하여 속이는 폐단이 없구나

士女熙熙分路行

사녀희희분로행

남자나 여자가 편하게 길도 따로 다니네

行不齎糧門不閉

행불재량문불폐

길 떠날 때 양식을 따로 지니지 않으며 대문은 닫지도 않네

花朝月夕携手遊

화 조 월 석 휴 수 유

꽃피는 아침이나 달이 뜨는 저녁이나 손잡고 놀러 다니며

別曲歌詞隨意製

별 곡 가 사 수 의 제

가사와 곡을 마음대로 지어 부르네

或感鳩林或金樻

혹 감 구 림 혹 금 궤

혹은 숲에 감응하고 혹은 금궤에 감응하며

昔氏金氏相承遞

석 씨 김 씨 상 승 체

석 씨와 김 씨가 서로 번갈아 왕위에 오르네

● 고구려와 동명왕

고구려 시조의 성姓은 고高 씨요, 시호는 동명이다. 왕이 처음 탄생하였다고 나라 이름에 높을 '고'를 붙이고, 더불어 성도 고 씨로 하였다. 활을 잘 쏘아 이름이 주몽이다. 부여 사람들이 활 잘 쏘는 사람을 주몽이라고 불렀기 때문이다. 아버지는 해모수이고 어머니는 유화이다.

「본기」에 따르면 한나라 신작 3년 임술년, 서기전 59년에 천제가 태자 해모수를 부여 왕의 옛 도읍지에서 놀게 하였다. 해모수는 다섯 마리 용이 이끄는 오룡거를 타고, 100여 명의 신하들은 모두 하얀 학을 타고 내려왔다. 높은 대 위에서 왕과 신하의 예로 의식을 치르고 부여의 왕이 되었다. 왕이 웅심산에서 사냥할 때에 하백의 세 딸이 우발수 강가에 나와 놀고 있었다. 맏이 유화는 왕의 처소에 머물게 되었다고 한다.

문순공 이규보의 시에 고구려 동명왕은 하늘의 자손이며 하백의 외손이라고 하니, 곧 천제의 손자요, 하백의 외손이다. 동명왕의 아버지는 천궁에 돌아간 후 내려오지 않았고 어머니 홀로 우발수 맑은 강가에 살고 있을 때, 부여 왕 금와가 유화를 영접하여 별궁에 모셨다. 유화가 닷 되 들이만 한 크기의 알을 왼쪽 겨드랑이에서 낳았다.(3㎏ 정도로 갓난아기만 한 크기의 알을 낳은 것이다) 먹구름 낀 흐린 날에 알이 맑은 수정 빛을 내며 깨지더니 아이가 태어났다. 태어난 지 몇 개월 만에 벌써 말을 잘하였다. 자라면서 점점 호걸다운 재능을 보이자 금와왕의 태자가 시기하였다. 태자가 참소하여 말이나 돌보게 만들었더니 말들을 잘 돌보아 살찌게 하였다.

동명왕이 지금의 대녕강인 개사수를 건너려 하자 물고기와 자라떼가 떠올라 다리를 놓아주었다. 한나라 원제 건소 2년 갑신년, 서기전 37년에 마한 땅 왕검성에 이르러 나라를 세웠다. 지금의 서경이다. 고구려라는 마을 이름으로 나라를 세웠다. 『오대사五代史』(『구오대사』와 『신오대사』가 있는데 모두 『오대사』라고 한다. 중국 24 정사에 속하며 송나라 설거정912~981이 왕의 명으로 편찬한 『오대사』가 『구오대사』이고, 구양수1007~1072가 개인적으로 편찬한 『오대사기』가 『신오대사』이다. 10세기에 차례로 흥망을 한 후량, 후당, 후진, 후한, 후주의 역사서다)에 의하면 고구려는 부여의 별종이라고 한다. 왕이 나라를 세우자 하늘에서 사람을 보내 궁궐을 세웠다. 온 산이 어두워져 보이는 것 없는데 망치 소리만 들리더니, 칠 일 만에 희뿌연 운무 걷히고 푸른 하늘 드높이 금벽 찬란한 궁궐이 우뚝 솟아 있었다. 오이·마리·협보 세 신하 다 같이 한 마음 한뜻으로 왕업을 이루었다.

비류왕 송양은 (동명왕을 만나자) 점잖게 예의를 떨며 누가 먼저 나라를 세웠는지 논쟁하였는데, 갑작스러운 큰비에 나라가 잠기고 (성과 집 등이) 떠다니게 되었다. 이에 놀란 송양이 나라를 들어 항복하며 동명왕에게 충성을 맹세하였다. 동명왕은 이제 하늘을 오르내리며 하늘의 일도 다스리셨다. 하늘을 오르내리며 디디던 바위, 조천석에는 말발굽이 그대로 남아 있다. 재위 19년 9개월 만에 하늘에 오르시더니 다시 내려오시지 않았다.

부여에 있을 때 부인이 임신 중이었는데, 성스러운 아들 유리가 이제 와서 왕위를 이었다. 왕이 남기신 옥 채찍을 묻으며 장례를 지냈다. 지금 용산에 있는 무덤이 그것이다. 자손 대대로 번성을 누리니, 맑고 투명한 왕들의 정치는 마치 깨끗한 강물과 누가 더 맑은지 서로 경쟁하는 것 같았다.

麗祖姓高諡東明

려조성고시동명

고구려 시조 성은 고 씨요, 시호는 동명

王初誕 而擧國高之 因以爲姓

왕초탄 이거국고지 인이위성

왕이 처음 탄생했다고 나라를 높여 '고'라 하고 이에 성씨도 '고'로 하였다.

善射故以朱蒙名

선사고이주몽명

활을 잘 쏘아 이름이 주몽이라네

扶餘人 名善射爲朱蒙 父解慕漱母柳花

부여인 명선사위주몽 부해모수모유화

부여 사람들은 활 잘 쏘는 사람을 주몽이라고 불렀다. 아버지는 해모
수이고 어머니는 유화이다.

本紀云 漢神雀三年壬戌 天帝遣太子解慕漱 遊扶餘王古都

본기운 한신작삼년임술 천제견태자해모수 유부여왕고도

「본기」에 따르면 한나라 신작 3년 임술년, 서기전 59년에 천제가 태
자 해모수를 부여 왕의 옛 도읍에서 놀게 하였다.

乘五龍車 從者百餘人 皆乘白鵠云云 臺上立君臣之禮

승오룡거 종자백여인 개승백곡운운 대상립군신지예

해모수는 다섯 마리 용이 이끄는 수레를 타고 따르는 무리 100여 명
은 모두 새하얀 학을 타고 내려왔다고 한다. 높은 대 위에서 임금과
신하의 의례를 갖추고 즉위하였다.

獵於熊心山 河伯三女 出遊優渤之河 長女柳花爲王所止云云

렵어웅심산 하백삼녀 출유우발지하 장녀유화위왕소지운운

웅심산에서 사냥을 하다가 우발수 강가에 나와서 노니는 하백의 세 딸을 보았다. 맏이 유화는 왕의 처소에 머물렀다고 한다.

文順公東明詩云 天孫河伯甥

문순공동명시운 천손하백생

문순공 이규보의 시에서 동명왕은 천제의 손자이고 하백의 외손이라고 하였다.

皇天之孫河伯甥

황천지손하백생

천제의 손자, 하백의 외손이라네

父還天宮不復返

부환천궁불복반

아버지는 천궁으로 돌아가 오지 않고

母在優渤淸江汀

모재우발청강정

어머니는 우발수 맑은 강가에 있었네

扶餘國王名金蛙

부여국왕명금와

부여 왕, 이름이 금와라네

爲開別館相邀迎

위개별관상요영

별궁 지어 유화를 맞이하니

五升大卵左脅誕

오승대란좌협탄

닷 되 크기만 한 알을 왼쪽 옆구리로 낳았네

陰雲之日生陽晶

운음지일생양정

먹구름 낀 날 수정 같은 맑은 빛내며 태어나셨네

兒生數月能言語

아생수월능언어

태어난 지 몇 개월 만에 말을 능숙하게 하고

漸至壯大才豪英

점지장대재호영

자라면서 점점 호걸다운 재능 보이니

時王太子生妬忌

시왕태자생투기

부여 태자 시기하여

譖令牧馬驅駉駉

참령목마구경경

헐뜯고 말이나 돌보게 하였더니 말들을 살찌웠네

王來欲渡蓋斯水

왕래욕도개사수

동명왕이 개사수를 건너려 하자

今大寧江也

금대녕강야

지금의 대녕강이다.

魚鼈化作橋梁橫

어별화작교량횡

물고기와 자라 떼가 다리를 만들어 주었네

漢元立昭二甲申

한원립소이갑신

한 원제 건소 2년 갑신년, 서기전 37년에

開國馬韓王儉城

개국마한왕검성

마한 땅 왕검성에 나라 세웠네

今西京也 以高句麗縣名立國 五代史日 高句麗扶餘別種也

금서경야 이고구려현명입국 오대사왈 고구려부여별종야

지금의 서경이다. 고구려라는 마을 이름으로 나라를 세웠다. 『오대사』
(중국 역사책. 10세기에 편찬된 것과 11세기에 편찬된 것이 있다)에 의하면
고구려는 부여의 다른 종류라고 한다.

天遣人來立宮闕

천견인래입궁궐

하늘에서 사람을 보내 궁궐을 지으니

山昏谷暗聞丁丁

산혼곡암문정정

산은 어두운데 곳곳에서 망치 소리

爲七日已雲霧捲

위칠일이운무권

칠 일 만에 운무 걷히고

金碧岻屼磨新晴

금벽비울마신청

금벽 찬란한 궁궐 푸른 하늘 높이 솟았네

烏伊摩離與陜父

오이마리여협보

오이·마리·협보

三臣同德聊贊成

삼신동덕료찬성

세 신하 한마음 한뜻으로 왕업을 도왔네

沸流國王松讓者

비류국왕송양자

비류왕 송양은

禮以後先開國爭

예이후선개국쟁

예의 차리며 나라 먼저 세웠다고 다투다가

尋爲大雨所漂突
심위대우소표돌
갑작스러운 큰비에 나라가 잠기고 떠다니게 되니

擧國款附輸忠誠
거국관부수충성
나라 들어 항복하며 충성 맹세하네

往來天上詣天政
왕래천상예천정
왕은 하늘을 오르내리며 하늘도 다스리시니

朝天石上驎蹄輕
조천석상린제경
조천석(바위 이름) 위에 말발굽 남아 있네

在位十九年九月
재위십구년구월
재위 19년 9개월 만에

升天不復迴雲軿

승천불복회운병

하늘에 오르시고 돌아오지 않으셨네

聖子類利來嗣位

성자유리래사위

성스러운 아들 유리 오셔서 왕위를 잇고

在扶餘時 婦所孕者

재부여시 부소잉자

유리는 동명왕이 부여에 있을 때 부인의 배 속에 있던 아이다.

葬遺玉鞭成墳塋

장유옥편성분영

남기신 옥 채찍으로 무덤 만들어 장례 치르니

今龍山墓也

금용산묘야

지금의 용산묘이다.

枝繁葉茂承承理

지번엽무승승리

동명왕의 자손들 대대로 번성하고

時與江水爭澄清

시여강수쟁징청

시대는 강물이 맑음을 다투듯 하였네

● 백제와 온조왕

백제 시조의 이름은 온조이다. 돌아가신 고구려의 동명성제가 온조왕의 아버지이다. 부여에서 태어난 이복형 유리가 와서 왕위를 이으니, 마음이 불편한 온조는 남쪽을 향해 강을 건넜다. 어머니가 같은 은조 형과 함께 유리를 피하여 남쪽으로 달아나 나라를 세웠는데, 형 은조는 나라를 세운 지 5개월 만에 죽고 말았다. 한나라 성제 홍가 3년 계묘년, 서기전 18년이었다. 백제가 세워진 것은 신라가 일어난 지 40년째, 고구려가 일어난 지 19년째 되던 해였다. 남쪽 변한 땅 드넓고 비옥한 곳에 나라를 세웠다. 시절 좋고 땅에서 얻는 것이 많으니 사람들도 화목하였다. 나라를 다스린 지 얼마 안 되어 벌써 천관(관리 및 행정조직) 및 모든 것이 갖추어졌다. 왕의 혈통 깨끗하여 꽃다운 향내 넓게 퍼지니 나랏일이 소나무와 대나무가 무성하게 자라듯이 흥성하였다.

百濟始祖名溫祚
백제시조명온조
백제 시조는 온조

東明聖帝其皇考

동명성제기황고

돌아가신 동명성제가 그의 아버지라네

其兄類利來嗣位

기형유리래사위

형 유리가 와서 왕위를 이으니

心不能平乃南渡

심불능평내남도

마음 불편하여 물 건너 남쪽으로 갔다네.

與母兄殷祚 南奔立國 殷祚立五月而卒

여모형은조 남분입국 은조입오월이졸

어머니가 같은 형 은조와 함께 남쪽으로 달려 나라를 세웠는데, 은조는 나라를 세운 지 5개월 만에 죽었다.

漢成鴻嘉三癸卯

한성홍가삼계묘

한나라 성제 홍가 3년 계묘년, 서기전 18년

羅之四十年 麗之十九年也

라지사십년 려지십구년야

신라가 일어난 지 40년, 고구려가 일어난 지 19년 되던 해였다.

開國弁韓原膴膴

개국 변한 원 무 무

변한 땅 크고 비옥한 곳에 나라 세웠네

天時地利得人和

천 시 지 리 득 인 화

시절 좋고 이로운 땅 얻으니 사람들 화목하였네

經營不日千官具

경 영 불 일 천 관 구

나라 다스린 지 얼마 안 되어 모든 것이 갖추어졌네

系將蘭芷衍芬芳

계 장 난 지 연 분 방

혈통 깨끗하고 향기로우니

業與松竹同苞茂

업 여 송 죽 동 포 무

왕업이 송죽처럼 무성하였네

帝王韻紀

帝王韻紀進呈引表

臣承休言 臣謹編修 帝王韻紀 分爲兩卷 繕寫以進者 牛襟下士 粗得曉於
典墳 螢燭末光 期助明於日月 臣承休 誠惶誠恐頓首頓首 恭惟我 主上殿
下 於周爲盛 于湯有光 天妹爲妃 夫豈三韓 曾見龍樓成集 實惟百代難聞
萬世奇逢 一時鍾在 伏念 臣陪先代遺弓之詔 報中天昇日之祥 因緣扈駕
以西東 除拜超階於華要 自頂至踵 洽然湛露淪身 擢髮數恩 行以淸絲補
袞 乃緣命薄 返得身閑 嗟無計於覩天 喜祝齡之有地 心歸佛隴 目屬蚪函
萬軸明窓 趂日志疲之消息 九重丹禁 恒春不老之光陰 抑念 唯兹不腆之
文 是我平生之業 宜以蟲吟之無譜 聊申鶴戀之有加 遂乃古往今來 皇傳
帝受 中朝 則從盤古而至於金國 東國 則自檀君而洎我本朝 肇起根源 窮
搜簡牘 較異同而撮要 仍諷詠以成章 彼相承授受之興立 如指諸掌 凡肯
搆云爲之取捨 可灼於心 伏望優推聖知 無以人廢 暫借离明之炤 許垂乙
夜之觀 付外施行 爲後勸誡 臣誠惶誠恐頓首頓首 謹言
至元二十四年三月 日 頭陀山居士 臣 李承休

帝王韻紀卷下

東國君王開國年代 幷序
謹據國史 旁採各本紀與夫殊異傳所載 叅諸堯舜已來經傳子史 去浮辭取

正理 張其事而詠之 以明興亡年代 凡一千四百六十言
頭陀山居士 臣李承休 製進

遼東別有一乾坤 斗與中朝區以分 洪濤萬頃圍三面 於北有陵連如線 一
作華句 中方千里是朝鮮 江山形勝名敷天 耕田鑿井禮義家 華人題作小
中華
初誰開國啓風雲 釋帝之孫名檀君 本紀曰 上帝桓因 有庶子 曰雄云云 謂
曰 下至三危太白 弘益人間歟 故雄 受天符印三箇 率鬼三千 而降太白山
頂神檀樹下 是謂檀雄天王也云云 令孫女飲藥 成人身 與檀樹神婚而生男
名檀君 據朝鮮之域 爲王 故尸羅 高禮 南北沃沮 東北扶餘 穢與貊 皆檀
君之壽也 理一千三十八年 入阿斯達山 爲神 不死故也 竝與帝高興戊辰
經虞歷夏居中宸 於殷虎丁八乙未 入阿斯達山爲神 今九月山也 一名弓忽
又名三危 祠堂猶在 享國一千二十八 無奈變化傳桓因 却後一百六十四
仁人聊復開君臣 一作 爾後一百六十四 雖有父子 無君臣

後朝鮮祖是箕子 周虎元年己卯春 逋來至此自立國 周虎遙封降命綸 禮難
不謝乃入覲 洪範九疇問彝倫 尚書疏云 虎王 箕子之囚 箕子走之朝鮮立
國 虎王聞之因封焉 箕子受封 不得無臣禮 因謝入覲 虎王問洪範九疇 在
周之十三年也 已下現於傳者 皆不注 四十一代孫名準 被人侵奪聊去民
九百二十八年理 遺風餘烈傳熙淳 準乃移居金馬郡 立都又復能君人

漢將衛滿生自燕 高帝十二丙午年 來攻逐準乃奪國 至孫右渠盈厥愆 漢虎

元封三癸酉 命將出師來討焉 國人殺右渠迎師 三世幷爲八十八 背漢逐準
殃宜然 因分此地爲四郡 各置郡長綏民編 眞番臨屯在南北 樂浪玄菟東西
偏 胥匡以生理自絶 風俗漸醨民未安 隨時合散浮沈際 自然分界成三韓

三韓各有幾州縣 蚩蚩散在湖山間 各自稱國相侵凌 數餘七十何足徵 *稱國*
者 馬有四十 辰有二十 弁有十二 於中何者是大國 先以扶餘沸流稱 *檀君*
本紀曰 與非西岬河伯之女婚而生男 名夫婁 東明本紀曰 扶餘王夫婁 老
無子 祭山川 求嗣 所御馬 至鯤淵 見大石流殘 王怪 而使人轉石 有小兒
金色蛙形 王曰 天錫我令胤乎 立爲太子 名曰金蛙 其相阿蘭弗曰 者 天
降我曰 使吾子孫 立國於此 汝其避之 東海濱有地 號迦葉原 土宜五穀
可都也 勸王移都 號東扶餘云云 臣嘗使於上國 至遼濱路傍 有立墓 其人
曰 扶餘駙馬大王墓也 又賈耽曰 大原南 鴨綠血 扶餘舊地 則北扶餘者
宜在遼濱 其開國 蓋自後朝鮮 而至此 幾矣 東明本紀曰 沸流王松讓謂曰
予以仙人之後 累世爲王 今君造國 日淺 爲我附庸 可乎 則此亦疑檀君之
後也 次有尸羅與高禮 南北沃沮穢貊膺 此諸君長問誰後 世系亦自檀君承
其餘小者名何等 於文籍中推未能 今之州府別號是 諺說那知應不應 想得
漢皇綏遠意 定黎蒸處害黎蒸 辰馬弁人終鼎峙 羅與麗濟相次興 自分爲郡
至羅起 計年七十二算零

新羅始祖奕居世 所出不是人間系 有卵降自蒼蒼來 其太如瓢紅縷繫 筒中
長生因姓朴 *羅人呼瓢爲朴* 此豈非爲天所啓 漢宣五鳳元甲子 開國辰韓定
疆界 風淳俗美都局平 聖君賢相臨相繼 羲皇上世何以加 朝野肅穆無欺弊

士女熙熙分路行 行不齎糧門不閉 花朝月夕携手遊 別曲歌詞隨意製 或感鳩林或金樻 昔氏金氏相承遞

麗祖姓高 王初誕 而擧國高之 因以爲姓 謚東明 善射故以朱蒙名 *扶餘人名善射爲朱蒙 父解慕漱母柳花 本紀云 漢神雀三年壬戌 天帝遣太子解慕漱 遊扶餘王古都 乘五龍車 從者百餘人 皆乘白鵠云云 臺上立君臣之禮 獵於熊心山 河伯三女 出遊優渤之河 長女柳花爲王所止云云 文順公東明詩云 天孫河伯甥 皇天之孫河伯甥 父還天宮不復返 母在優渤淸江汀 扶餘國王名金蛙 爲開別館相邀迎 五升大卵左脅誕 陰雲之日生陽晶 兒生數月能言語 漸至壯大才豪英 時王太子生妬忌 譖令牧馬驅駉駉 王來欲渡蓋斯水 今大寧江也 魚鼈化作橋梁橫 漢元立昭二甲申 開國馬韓王儉城 今西京也 以高句麗縣名立國 五代史曰 高句麗扶餘別種也 天遣人來立宮闕山昏谷暗聞丁丁 爲七日已雲霧捲 金碧崚峋磨新晴 烏伊摩離與陜父 三臣同德聊贊成 沸流國王松讓者 禮以後先開國爭 尋爲大雨所漂突 擧國款附輸忠誠 往來天上詣天政 朝天石上騏蹄輕 在位十九年九月 升天不復迴雲軒 聖子類利 在扶餘時 婦所孕者 來嗣位 葬遺玉鞭成墳塋 今龍山墓也枝繁葉茂承承理 時與江水爭澄淸*

百濟始祖名溫祚 東明聖帝其皇考 其兄類利來嗣位 心不能平乃南渡 *與母兄殷祚 南奔立國 殷祚立五月而卒 漢成鴻嘉三癸卯 羅之四十年 麗之九十年也 開國弁韓原膴膴 天時地利得人和 經營不日千官具 系將蘭芷衍芬芳 業與松竹同苞茂*

3부

『삼국사기』에 나타난
고조선의 흔적

◆ 『삼국사기』에서 찾아보는
단군과 고조선의 흔적

『삼국사기』는 고려시대(918~1391) 김부식이 인종(재위 1122~1146)의 명을 받아 여러 학자들을 거느리고 1145년 완성한 역사책이다. 우리 나라 고대사로 고구려·백제·신라의 흔적이 담겨 있는 관찬官撰 역사책 이다. 고려시대에 들어와서 비로소 고구려·백제·신라의 역사를 '우리 역사'로 통합하여 정리한 결과물이다. 『삼국사기』 이후에 나온 사서에 서 국사본기라고 일컫는 것은 대체로 『삼국사기』를 의미한다. 김부식 은 문종 29년(1075)에 태어나 의종 5년(1151)에 77세의 나이로 사망한 고려의 정치가이자 대학자로 묘청의 난을 진압하는 큰 공을 세웠다.

김부식은 『삼국사기』 「신라본기」에서 '조선'의 유민遺民이 진한 땅 에서 마을을 이루고 살았다고 하여 고조선의 존재를 언급하였으나, 우 리 민족이 처음 세운 나라는 박혁거세가 일으킨 신라라고 하였다. 이 에 따라 한민족 최초의 국가가 세워진 것은 서기전 1세기 무렵이 되

고, 이는 서기전 2333년 세워진 고조선을 최초의 국가라고 한 일연이
나 이승휴보다 한참 늦은 시기이다.

　본 글 제3부에서는『삼국사기』서문과 삼국의 본기 중에서 신라 시
조 혁거세와 고구려 시조 동명왕 그리고 백제 시조 온조 부분만을 다
루었다. 초기 건국과정 무렵의 주변 상황으로 고조선 이후 성장한 나
라들의 흔적을 살펴보고자 한다.

● 삼국사를 지어 올리며

-고려 김부식이 인종의 명으로 삼국사를 편찬하여 임금에게 올리며 쓴 글-

신 부식 아룁니다. 예로부터 여러 나라들은 모두 사관을 두고 나라의 일을 기록해 두었습니다. 그리하여 맹자는 진晋나라?~서기전 376의 『승乘』이나 초楚나라?~서기전 223의 『도올檮杌』이나 노魯나라?~서기전 246의 『춘추春秋』가 그러한 역사책이라고 했습니다.(진晋·초楚·노魯 나라는 중국 춘추전국시대서기전 770~서기전 221 나라들이다)

생각하건대 우리 해동삼국의 역사도 매우 오래되어 당연히 그 역사가 여러 형태로 기록되어 남아 있습니다. 그리하여 전하께서 이 늙은 신하에게 우리 옛 역사를 편집하도록 명을 내리셨습니다.

이렇게 막중한 명을 받고 스스로 돌아보니 큰일을 맡기에는 부족함이 많다는 것을 알게 되어 몸 둘 바를 모르겠습니다. 삼가 생각하건대 성상폐하께서는 저 옛날 문명을 일구어 태평시대를 시작한 요임금처럼 글 실력과 생각하는 힘이 뛰어나시고, 중국에서 물을 다스리고 마침내 최초의 하나라를 건국했다는 우임금처럼 부지런하고 소박하십니다. 아침부터 저녁까지 정무에 골몰하시고, 여가 시간은 늘 두루두루 여러 옛글을 읽으십니다. 그리고 말씀하시기를 "지금 우리나라 사대부들이 오경五經(시경·서경·주역·예기·춘추)과 제자諸子(제자백가), 진秦, 서기전 221~서기전 206·한漢, 서기전 202~서기 220의 역사는 통달하여 어떤 이는 속속들이 자세하게 설명하기까지 하는데, 우리 역사에 이르러서는 반대로 아득하여 그 처음과 끝을 알지 못하니 매우 한탄스럽다"고 하셨습니다.

상황을 생각해 보니 신라와 고구려 그리고 백제는 각각 나라를 세운 후 세 발 달린 솥처럼 우뚝 서서(서로 팽팽히 대치하며 발전하면서) 능히 예를 갖추고 중국과 교통하였습니다. 그리하여 범엽398~445의 『한서』(25년에 세워져 220년까지 이어진 후한의 역사를 다룬 책)와 송기의 『당서』(당나라618~907를 다룬 역사책으로 송나라 인종의 명령으로 1044년 시작되어 1060년에 완성)에 모두 우리 해동삼국의 일이 열전의 형식으로 실렸습니다만, 자신들의 일은 상세히 적고 우리 삼국의 일은 외국의 일이라 간략히 적어 그 내용을 제대로 갖추어 싣지 않았습니다.

한편, 남아 있는 우리의 옛글은 거칠고 부족하며 사적 또한 많이 사라져 없습니다. 이에 임금과 왕후의 선함과 악함이나 신하의 충성과 간악함, 그리고 나라의 위기와 편안함, 또 백성을 잘 다스렸는지 살기 어렵게 했는지 등에 대한 일들을 모두 드러내어 권장하거나 경계할 수 있는 것들을 알 수 없습니다. 이러한 상황에 당연히 재주 있고 학문이 풍부하며 식견을 갖춘 뛰어난 인재를 얻어, 왕가의 역사를 잘 다듬어서 해와 별처럼 빛나게 자손만대에 남기는 것이 마땅합니다. 신같은 사람은 원래 뛰어난 재주도 없거니와 학식도 깊지 못합니다. 게다가 나이를 점점 먹으면서 날이 갈수록 정신도 흐려집니다. 비록 책은 부지런히 읽으나 책을 덮는 순간 모두 잊어버립니다. 붓을 잡아도 손에 힘이 없으니 종이에 써 내려가는 것조차 힘이 듭니다. 신의 학식과 기술이 이와 같이 둔하고 얕은 데다 이전의 말과 지난 일들에 대하여서는 잘 알지도 못하여 우매할 따름입니다.

이런 까닭에 노쇠한 정신으로 있는 힘을 다하여 간신히 책을 만들었습니다만, 볼만한 것이 못 되니 그저 부끄러울 따름입니다. 엎드려 바라옵건대 성상폐하께서는 어리석고 질박하게 지어진 제 글을 살펴 주시고 제멋대로 헛되이 지은 죄를 용서하시기 바랍니다. 비록 명산에 보관하기에는 부족하지만, 그렇다고 함부로 장항아리나 덮는 용도로 쓰이지는 않게 해주시기 바랍니다. 구차스럽고 망령된 저의 생각을 하늘의 해와 같은 임금님께서 부디 살펴주시기 바랍니다.

삼가 본기 28권과 연표 3권, 지 9권과 열전 10권으로 찬술하여 표(임금에게 올리는 글)와 함께 올리며 감히 성상폐하의 눈을 더럽힙니다.

進三國史表

삼국사를 지어 올리며 드리는 글

臣富軾言 古之列國 亦各置史官 以記事

신 부 식 언 고 지 열 국 역 각 치 사 관 이 기 사

신 김부식 아뢰옵니다. 예로부터 여러 나라들은 각각 사관을 두어 나라의 일들을 기록하였습니다.

故孟子曰 晋之乘 楚之檮杌 魯之春秋 一也

고 맹 자 왈 진 지 승 초 지 도 올 노 지 춘 추 일 야

맹자(서기전 372년경~서기전 289년경)는 진나라의 『승』과 초나라의 『도올』과 노나라의 『춘추』가 그러한 역사책이라고 하였습니다.

惟此海東三國 歷年長久 宜其事實著在方策 乃命老臣 俾之編集

유 차 해 동 삼 국 역 년 장 구 의 기 사 실 저 재 방 책 내 명 노 신 비 지 편 집

생각하건대 우리 해동삼국의 역사는 매우 오래되었고, 그 사실들이 모두 여러 방식으로 쓰여 있으므로, 이 늙은 신에게 명을 내리셔서 편집하도록 하셨습니다.

自顧缺爾 不知所爲 伏惟聖上陛下 性唐堯之文思 體夏禹之勤儉

자 고 결 이 부 지 소 위 복 유 성 상 폐 하 성 당 요 지 문 사 체 하 우 지 근 검

스스로 돌아보니 저는 부족한 것이 많아 어찌할 바를 모르겠습니다.

엎드려 생각하건대 성상폐하께서는 저 요임금唐堯당요의 성정을 타고나셔서 글과 생각이 뛰어나시고, 하夏나라를 세운 우禹임금처럼 부지런하시고 검소하십니다.

宵旰餘閒博覽前古 以謂今之學士大夫 其於五經諸子之書 秦漢歷代之史
소간여한박람전고 이위금지학사대부 기어오경제자지서 진한역대지사
아침부터 저녁까지 정무에 골몰하시고 여가 시간에는 널리 옛글들을 읽으시면서 말씀하시기를 "지금의 사대부들은 오경과 제자백가, 진·한의 역대 역사를 공부하여

或有淹通而詳說之者 至於吾邦之事 却茫然不知其始末 甚可歎也
혹유엄통이상설지자 지어오방지사 각망연부지기시말 심가탄야
어떤 이는 깊이 통달하여 속속들이 잘 설명하기도 하는데, 우리나라 역사에 이르러서는 반대로 아득하여 그 처음과 끝을 모르니 심히 한탄스럽다"고 하셨습니다.

況惟 新羅氏高句麗氏百濟氏 開基鼎峙 能以禮通於中國
황유 신라씨고구려씨백제씨 개기정치 능이례통어중국
상황을 생각하니, 신라와 고구려와 백제가 나라를 열고 솥의 세 발처럼 우뚝 서서 예를 갖추고 능히 중국과 교통하였습니다.

故范曄漢書 宋祁唐書 皆有列傳 而詳內畧外 不以具載

고 범엽한서 송기당서 개유열전 이상내약외 불이구재

그리하여 범엽의 『한서』와 송기의 『당서』에 모두 삼국의 일을 열전으로 실었는데, 자기네 중국의 일은 상세히 적었지만 우리 삼국은 외국의 일이라 간략히 적어 그 내용을 제대로 갖추어 싣지 않았습니다.

又其古記文字蕪茁 事跡闕亡 是以君后之善惡 臣子之忠邪 邦業之安危

우기고기문자무줄 사적궐망 시이군후지선악 신자지충사 방업지안위

또 우리의 옛 기록은 글이 거칠고 어리석은 데다 사건의 흔적이나 궁궐도 없어져, 임금과 왕후의 선악과 신하의 충성이나 간사함, 나라의 편안함과 위기,

人民之理亂 皆不得發露以垂勸戒 宜得三長之才 克成一家之史

인민지리란 개부득발로이수권계 의득삼장지재 극성일가지사

백성을 잘 다스렸다거나 어지럽게 만든 일 등을 모두 드러내어 권장하거나 경계하지 못했습니다. 당연히 재주와 학문과 식견, 이 세 가지를 모두 갖춘 인재를 얻어 능히 일가의 역사를 잘 짓게 하여

貽之萬世 炳若日星 如臣者 本非長才 又無奧識 泊至遲暮

이지만세 병약일성 여신자 본비장재 우무오식 박지지모

해와 별처럼 빛나게 밝히고 (그것을) 자손만대에 남기는 것이 마땅합니다. 신 같은 사람은 원래 뛰어난 재주도 없고 또 깊은 지식이 있는 것

도 아닌데다가 점점 나이를 먹으니

日益昏蒙 讀書雖勤 掩卷卽忘 操筆無力 臨紙難下
일익혼몽 독서수근 엄권즉망 조필무력 임지난하
날이 갈수록 정신이 흐려집니다. 책은 비록 부지런히 읽사오나 책을
덮으면 즉시 그 내용을 잊어버립니다. 붓을 잡아도 힘이 없어 종이에
써 내려가기가 힘듭니다.

臣之學術 蹇淺如此 而前言往事 幽昧如彼 是故疲精竭力
신지학술 건천여차 이전언왕사 유매여피 시고피정갈력
신의 학술이 이와 같이 둔하고 얕은 데다, 이전의 말과 지난 일은 잘
알지 못하여 어둡기만 합니다. 이런 까닭에 노쇠한 정신에 있는 힘을
다하여

僅得成編 訖無可觀 秪自媿耳 伏望聖上陛下 諒狂簡之裁 赦妄作之罪
근득성편 흘무가관 지자괴이 복망성상폐하 양광간지재 사망작지죄
겨우 책을 만들었으나 볼만한 것이 못 되니 스스로 부끄러울 뿐입니다.
엎드려 바라옵건대 성상폐하께서는 어리석고 질박하게 지어진 제 글을
살펴주시고, 제멋대로 헛되이 지은 죄를 용서하여 주시기 바랍니다.

雖不足藏之名山 庶無使漫之醬瓿 區區妄意 天日照臨
수부족장지명산 서무사만지장부 구구망의 천일조림

비록 명산에 보관하기에는 부족하지만, 함부로 장항아리나 덮는 용도로 쓰이지는 않게 해주시기 바랍니다. 구차스럽고 망령된 저의 생각을 하늘의 해와 같은 임금님께서 부디 살펴주시기 바랍니다.

謹撰述 本紀二十八卷年表三卷志九卷列傳十卷隨表 以聞上塵天覽
근찬술 본기이십팔권연표삼권지구권열전십권수표 이문상진천람
삼가 본기 28권과 연표 3권, 지 9권과 열전 10권으로 찬술하여 표와 함께 아뢰니 (감히) 성상폐하의 눈을 더럽힙니다.

● 신라 시조 혁거세거서간

신라 시조의 성은 박 씨이고 임금의 휘는 혁거세이다. 전한前漢, 서기 전 202~서기 8 효선제 오봉 원년 갑자년, 서기전 57년 4월 병진에 즉위하였다. 어떤 이는 4월이 아니라 1월 15일에 즉위했다고도 한다. 거서간이라고 불렀다. 혁거세거서간이 나라를 세운 때 그의 나이는 열세 살이었다. 나라 이름을 서나벌이라고 했다.(여러 번 나라 이름이 바뀌었다가 훗날 신라로 고정되었다. 신라의 시작은 박혁거세의 서나벌에서 시작하였다)

혁거세거서간이 신라를 세우기 전에 그 지역에는 옛 조선의 유민들이 산과 계곡 사이에 흩어져 살면서 여섯 마을을 이루고 있었다. 여섯 개의 마을은 다음과 같다. 첫째, 알천 양산촌, 둘째, 돌산 고허촌, 셋째, 취산 진지촌, 진지촌은 간진촌이라고도 한다. 넷째, 무산 대수촌, 다섯째, 금산 가리촌, 여섯째, 명활산 고야촌이다. 이 여섯 개의 마을(6촌)이 후에 진한(신라를 진한이라고도 불렀다) 여섯 개의 부(6부)로 바뀌었다.

고허촌의 우두머리인 촌장 소벌공이 양산 기슭을 보고 있었는데, 나정이라는 우물 옆 수풀 사이에서 말이 무릎 꿇고 절하며 울고 있는 것을 보았다. 이상하게 여겨 가서 보니 갑자기 말은 보이지 않고 단지 커다란 알이 그 자리에 있을 뿐이었다. 알을 깨니 갓난아이가 나왔다. 즉시 아이를 데려가서 길렀다. 나이 10여 세가 되자 어린 나이에 벌써 재주가 특별하고 덕이 있었으며 하는 일이 성숙하였다. 6부의 마을 어른들이 그의 탄생과 성장이 신기하고 특별하므로 받들어 존경하더니 마침내 임금으로 삼았다. 처음에 박만큼이나 큰 알에서 나왔다고 해서 성을 박朴이라고 하였다. 박은 한자로 호瓠라고 하는데, 진나라 사람들은 박을 박이라고 하여 박을 뜻하는 호瓠를 쓰는 대신 박으로 읽는 박朴 자를 사용하였다. 거서간은 진나라 사람들의 말로 왕이라는 뜻이다. 혹자는 귀인을 뜻하는 말이라고도 한다.

혁거세왕 4년, 서기전 54년 여름 4월 초하루 신축일에 일식이 있었다.(예전에는 봄은 1·2·3월, 여름은 4·5·6월, 가을은 7·8·9월, 겨울은 10·11·12월이었다)

혁거세왕 5년, 서기전 53년 봄 정월(1월)에 용이 알영정(우물 이름)에 나타나 오른쪽 옆구리로 여자아이를 낳았다. 지나가던 할멈이 이를 발견하고 기이하게 여겨 아이를 거두어 길렀다. 알영정에서 얻은 아이라 하여 이름을 알영이라고 하였다. 알영은 자라면서 덕을 보였다. 혁거세가 알영 이야기를 듣고 그녀를 왕비로 맞이하였다. 알영은 행실이 어질고 궁 안에서 혁거세를 잘 보필하였다. 당시 사람들이 혁거세와 알영을 두 성인聖人이라고 불렀다.

혁거세왕 8년, 서기전 50년 왜인들이 군사를 일으켜 변경을 침범하려다가 시조 혁거세왕에게 신령스러운 덕이 있다는 것을 듣고 그냥 물러갔다.

혁거세왕 9년, 서기전 49년 봄 3월에 살별이 동쪽 별 왕량자리에 나타났다.(예전에 살별은 나쁜 일이 일어날 징조로 여겨 유심히 살폈다. 살별은 혜성彗星의 우리말이다)

혁거세왕 14년, 서기전 44년 여름 4월에 살별이 서쪽 별 삼자리리삼성參星에 나타났다.

혁거세왕 17년, 서기전 41년 왕이 6부를 돌며 백성들을 위로하는데, 왕비 알영이 동행했다. 왕과 왕비가 백성들에게 농사와 누에치기를 권하고 독려하여 땅에서 얻는 이로움을 모두 얻도록 했다.

혁거세왕 19년, 서기전 39년 봄 정월에 변한이 나라를 들어 항복해 왔다.

혁거세왕 21년, 서기전 37년 도읍에 성을 쌓고 이름을 금성이라고 했다. 이해에 주몽이 고구려를 세우고 왕이 되었다.

혁거세왕 24년, 서기전 34년 여름 6월 그믐 임신일에 일식이 있었다.

혁거세왕 26년, 서기전 32년 봄 정월(1월)에 도읍 금성에 궁궐을 지었다.

혁거세왕 30년, 서기전 28년 여름 4월 그믐 기해일에 일식이 있었다. 낙랑 사람들이 군대를 이끌고 침략하였다. 그런데 변경 지역의 신라 사람들이 밤에도 대문을 안 잠그고, 들에 볏짐을 그대로 둔 것을 보고 "이 지역 사람들은 서로 도둑질을 안 한다. 서로 어울려 사는 도리를 알고 있다. 우리가 군사를 모아 몰래 도둑질하는 것이 부끄럽다"며 스스로 물러나 돌아갔다.

혁거세왕 32년, 서기전 26년 가을 8월 그믐 을묘일에 일식이 있었다.

혁거세왕 38년, 서기전 20년 봄 2월에 호공瓠公을 마한에 보내어 예를 갖추고 인사하였다. 마한 왕이 호공을 맞아 꾸짖었다. "진한과 변한은 우리의 속국인데, 근년에 공물을 보내지 않으니 너희가 큰 나라를 섬기는 예의를 다하지 않고 있구나." 그러자 호공이 대답했다. "우리나라에 두 성인聖人이 일어나신 뒤로 사람들이 자기 일을 다 잘하고, 하늘의 기운 또한 순조로워 곡식 등이 잘되어 창고가 가득 찼습니다. 이에 우리 백성들은 공경과 겸양을 알게 되었습니다. 이리하여 진한辰韓 유민遺民으로부터 변한, 낙랑, 왜인에 이르기까지 모두 우리 두 성인을 두려워하지 않는 이가 없습니다. 그럼에도 불구하고 우리 임금님께서는 겸허하게 저를 보내 마한과 우호 관계를 닦으시니 이것이야말로 예의가 넘치는 것입니다. 그런데 대왕께서는 오히려 크게 노하여 군사로써 위협하시니 이는 무슨 의도입니까?" 그러자 마한 왕이 분노하여 호공을 죽이려 했다. 좌우의 신하가 간하여 말리며, 호공을 무사히 신라로 돌아가게 하였다.

예전에 중국인들 중에 진秦나라서기전 221~서기전 206 시기의 난리를 괴로워하여 동쪽으로 피난하여 망명한 이들이 많았다. 이들 중에는 마한 동쪽에 자리 잡고 진한辰韓과 뒤섞여 사는 사람들이 많았다. 이때에 이르러 진한이 점점 번성하자 마한이 싫어하며 책망한 것이다. 호공이라는 사람은 누구인지 그 종족과 성을 알 수 없다. 원래 왜인으로 처음에 허리에 표주박을 차고 바다를 건너왔기 때문에 표주박 호瓠를 붙여 호공이라 불렀다.

혁거세왕 39년, 서기전 19년 마한 왕이 세상을 떠났다. 어떤 이가 혁거세거서간에게 말했다. "서한(마한이 신라의 서쪽에 있었기에 서한이라고 부른 것) 왕이 예전에 우리 사신을 욕보였다가 지금 상을 당했는데, 이때 우리가 정벌한다면 충분히 그 땅을 차지할 수 있지 않겠습니까?" 그러자 왕이 남의 재난을 다행이라 여기는 것은 어진 행동이 아니라고 말하면서 사신을 보내 조문하였다.

혁거세왕 40년, 서기전 18년 온조가 백제를 세우고 왕이 되었다.

혁거세왕 43년, 서기전 15년 봄 2월 그믐 을유일에 일식이 있었다.

혁거세왕 53년, 서기전 5년 동옥저의 사신이 와서 좋은 말 20필을 바쳤다. 남한(동옥저의 위치에서 신라=진한이 남쪽에 있으므로 남한이라 불렀다)에 성인이 나셨다는 말을 듣고 말을 바치는 것이라고 했다.

혁거세왕 54년, 서기전 4년 봄 2월 기유에 살별이 견우별 북쪽에 있는 하고별에 나타났다.

혁거세왕 56년, 서기전 2년 봄 정월(1월) 초하루 신축일에 일식이 있었다.

혁거세왕 59년, 2년 가을 9월 그믐 무신일에 일식이 있었다.

혁거세왕 60년, 3년 가을 9월에 용 두 마리가 금성의 우물 속에 나타나더니 갑자기 천둥이 치고 비가 내리며 성의 남문에 벼락이 쳤다.

혁거세왕 61년, 4년 봄 3월에 거서간이 세상을 떠났다. 장례를 치르고 능을 조성하였다. 왕의 능을 사릉이라고 하였다. 담암사(삼국유사에는 담엄사로 기록되어 있다) 북쪽에 있다.

三國史記 卷 第一
삼국사기 권 제1
新羅本紀 第一
신라본기 제1

始祖赫居世居西干
시조혁거세거서간

始祖姓朴氏 諱赫居世 前漢孝宣帝五鳳元年甲子 四月 丙辰
시조성박씨 휘혁거세 전한효선제오봉원년갑자 사월 병진
신라 시조의 성은 박 씨이고 휘는 혁거세이다. 전한 효원제 오봉 원년 갑자년, 서기전 57년 4월 병진에 즉위하였다.

一曰 正月十五日 即位 號居西干 時年十三 国號徐那伐
일왈 정월십오일 즉위 호거서간 시년십삼 국호서나벌
어떤 이는 정월(1월) 15일에 즉위했다고도 한다. 거서간이라고 불렀다. 당시 나이 13세였다. 나라 이름은 서나벌이라고 하였다.

先是 朝鮮遺民分居山谷之間 爲六村

선시 조선유민분거산곡지간 위육촌

그 전에, (혁거세가 신라를 세우기 전에 그 땅에는) 조선의 유민들이 산과 계곡에 흩어져 살면서 여섯 마을을 이루고 있었다.

一曰 關川楊山村 二曰 突山高墟村 三曰 觜山珍支村 或云干珍村

1왈 알천양산촌 2왈 돌산고허촌 3왈 취산진지촌 혹운간진촌

첫째, 알천 양산촌, 둘째, 돌산 고허촌, 셋째, 취산 진지촌, 혹은 간진 촌이라고 한다.

四曰 茂山大樹村 五曰 金山加利村 六曰 明活山高耶村 是爲辰韓六部

4왈 무산대수촌 5왈 금산가리촌 6왈 명활산고야촌 시위진한육부

넷째, 무산 대수촌, 다섯째, 금산 가리촌, 여섯째, 명활산 고야촌으로 이들 여섯 마을은 진한의 6부가 되었다.(행정제도 개편으로 이름이 바뀐 것)

高墟村長蘇伐公 望楊山麓 蘿井傍林間 有馬跪而嘶

고허촌장소벌공 망양산록 나정방림간 유마궤이시

고허촌의 우두머리인 촌장 소벌공이 양산 기슭을 바라보다가 나정 우물가 숲에서 말이 무릎 꿇고 절하는 모습으로 울고 있는 것을 보았다.

則往觀之 忽不見馬 只有大卵 剖之 有嬰兒出焉 則收而養之
즉왕관지 홀불견마 지유대란 부지 유영아출언 즉수이양지
곧 가서 보니 말은 홀연히 사라져 없고 커다란 알만 하나 있었다. 알
을 깨니 젖먹이 어린아이가 있었다. 아이를 데려다가 키웠다.

及年十餘歲 岐嶷然夙成 六部人以其生神異 推尊之 至是立爲君焉
급년십여세 기여연숙성 육부인이기생신이 추존지 지시입위군언
나이 10여 세가 되자 어린 나이에 벌써 지혜와 덕스러움이 뛰어나고
성숙하였다. 6부의 사람들이 그 태어난 것이 신기하여 받들어 존경하
며 왕으로 세웠다.

辰人謂瓠爲朴 以初大卵如瓠 故以朴爲姓 居西干辰言王 或云呼貴人之稱
진인위호위박 이초대란여호 고이박위성 거서간진언왕 혹운호귀인지칭
진나라 사람들은 박(호瓠 박 호)을 박朴 성씨 박이라고 한다.(한자로 박이라는
뜻은 표주박 호瓠이다. 즉 '호'라고 해야 한다. 그런데 신라 사람들은 박을 쓰면
서 박으로 소리 나는 박을 선택하였다는 말이다) 처음에 박만큼 큰 알에서
나왔다는 이유로 박朴을 성씨로 하였다. 거서간은 진나라(신라) 사람들
의 말로 왕이라는 뜻이다. 혹자는 귀인이라는 뜻이라고도 한다.

四年 夏四月辛丑朔 日有食之
사년 하사월신축삭 일유식지
혁거세왕 즉위 4년, 서기전 54년 여름 4월 신축일 초하루에 일식이
있었다.

五年 春正月 龍見於閼英井 右脇誕生女兒 老嫗見而異之 收養之

5년 춘정월 용견어알영정 우협탄생여아 노구견이이지 수양지

혁거세왕 5년, 서기전 53년 봄 정월(1월)에 용이 알영정 우물가에 나타나 오른쪽 옆구리로 여자아이를 낳았다. 한 노파가 그 모습을 보고 기이하게 여겨서 거두어 길렀다.

以井名名之 及長有德容 始祖聞之 納以爲妃

이정명명지 급장유덕용 시조문지 납이위비

아이 이름은 우물 이름을 따서 알영이라고 지었다. 자라면서 용모가 단정하고 덕이 있었다. 시조(박혁거세)가 알영에 대하여 듣고 왕비로 맞아들였다.

有賢行 能内輔 時人謂之二聖

유현행 능내보 시인위지이성

왕비는 행실이 어질고 안으로 혁거세왕을 잘 보필하였다. 사람들이 이들을 두 성인이라고 불렀다.

八年 倭人行兵 欲犯邊 聞始祖有神德 乃還

8년 왜인행병 욕범변 문시조유신덕 내환

혁거세왕 8년, 서기전 50년 왜인들이 변경을 침략하려다가 시조 혁거세거서간에게 신성한 덕이 있다는 것을 듣고 물러갔다.

九年 春三月 有星孛于王良

9년 춘삼월 유성패우왕량

혁거세왕 9년, 서기전 49년 봄 3월에 살별이 동쪽 별 왕량 별자리에 나타났다.(살별은 혜성의 우리말이다. 당시에는 살별이 나타나면 나쁜 일의 징조로 여겼다)

十四年 夏四月 有星孛于叄

14년 하사월 유성패우삼

혁거세왕 14년, 서기전 44년 여름 4월 살별이 서쪽 별 삼 별자리에 나타났다.

十七年 王巡撫六部 妃閼英從焉 勸督農桑 以盡地利

17년 왕순무육부 비알영종언 권독농상 이진지리

혁거세왕 17년, 서기전 41년 왕이 6부를 두루두루 다니며 백성을 위로하면서 달랬다. 왕비 알영이 같이 다녔다. 농사와 누에치기를 가르치고 권하면서 땅이 주는 이로움을 모두 얻도록 권장하였다.

十九年 春正月 卞韓以國來降

19년 춘정월 변한이국래항

혁거세왕 19년, 서기전 39년 봄 정월 변한이 나라를 들어 항복해 왔다.

二十一年 築京城 號曰金城 是歲 高句麗始祖東明立

21년 축경성 호왈금성 시세 고구려시조동명립

혁거세왕 21년, 서기전 37년 서나벌(당시 신라의 수도)에 성을 쌓고 금성(현재 경주)이라고 불렀다. 이해에 고구려 시조 동명이 즉위하였다.

二十四年 夏六月壬申晦 日有食之

24년 하유월임신회 일유식지

혁거세왕 24년, 서기전 34년 여름 6월 임신일 그믐에 일식이 있었다.

二十六年 春正月 營宮室於金城

26년 춘정월 영궁실어금성

혁거세왕 26년, 서기전 32년 봄 정월에 금성에 궁궐을 지었다.

三十年 夏四月己亥晦 日有食之

30년 하사월기해회 일유식지

혁거세왕 30년, 서기전 28년 여름 4월 기해일 그믐에 일식이 있었다.

樂浪人將兵來侵 見邊人夜戶不扃 露積被野 相謂曰

낙랑인장병래침 견변인야호불경 노적피야 상위왈

낙랑 사람들이 군대를 이끌고 침략하였다. 국경지대에 사는 사람들이 밤에도 대문 빗장을 잠그지 않고, 들에 곡식을 그대로 쌓아 둔 것을 보고 서로 말하였다.

此方民不相盜 可謂有道之國

차방민불상도 가위유도지국

"이 지방 사람들은 서로 도둑질을 하지 않으니 진정 도리가 있는 나라라고 할 수 있다.

吾儕潛師而襲之 無異於盜 得不愧乎 乃引還

오제잠사이습지 무이어도 득불괴호 내인환

우리가 몰래 군사를 일으켜 습격하는 것은 도둑과 다르지 않으니 참으로 부끄러운 일이다" 하면서 다시 돌아갔다.

三十二年 秋八月乙卯晦 日有食之

32년 추팔월을묘회 일유식지

혁거세왕 32년, 서기전 26년 가을 8월 을묘일 그믐에 일식이 있었다.

三十八年 春二月 遣瓠公聘於馬韓 馬韓王讓瓠公曰

38년 춘이월 견호공빙어마한 마한왕양호공왈

혁거세왕 38년, 서기전 20년 봄 2월에 호공을 마한에 보내 인사하였다. 마한 왕이 호공을 꾸짖으며 말했다.

辰卞二韓 爲我屬国 比年不輸職貢 事大之禮 其若是乎

진변이한 위아속국 비년불수직공 사대지례 기약시호

"진한과 변한 두 한국은 우리 마한의 속국인데, 요 몇 해째 그 직분을 다하지 않고 공물을 보내지 않았다. 너희가 큰 나라를 섬기는 예를 다하지 않으니 이것이 무슨 일이냐?"

對曰 我國自二聖肇興 人事修 天時和 倉庫充實 人民敬讓
대왈 아국자이성조흥 인사수 천시화 창고충실 인민경양
호공이 대답하였다. "우리나라에 두 성인이 나신 후로 사람들은 자기할 일을 잘하고 하늘의 기운 또한 조화로워서 곳간이 가득 차니 백성들이 서로 공경하고 겸손합니다.

自辰韓遺民 以至卞韓樂浪倭人 無不畏懷
자진한유민 이지변한낙랑왜인 무불외회
이러한 연유로 진한 유민에서부터 변한, 낙랑, 왜인에 이르기까지 우리두 성인을 존경하여 두려워하면서 복종하지 않는 사람이 없습니다.

而吾王謙虛 遣下臣修聘 可謂過於禮矣
이오왕겸허 견하신수빙 가위과어예의
우리 왕이 이러하신대도 겸손하게 자기를 낮추어 저를 보내 대왕께안부 인사를 올리게 하였습니다. 이것이야말로 넘치는 예의 아니겠습니까?

而大王赫怒劫之以兵 是何意耶 王憤欲殺之 左右諫止 乃許歸
이대왕혁노겁지이병 시하의야 왕분욕살지 좌우간지 내허귀

대왕께서 이렇게 얼굴을 붉히시며 크게 화를 내시고, 군사로 겁을 주면서 위협하시는 것은 대체 무슨 뜻입니까?" 마한 왕이 호공의 말에 분개하여 그를 죽이려 하였다. 좌우의 신하들이 간하며 말리고, 호공이 신라로 다시 돌아가도록 하였다.

前此 中國之人 苦秦亂 東來者衆 多處馬韓東 與辰韓雜居
전차 중국지인 고진난 동래자중 다처마한동 여진한잡거

전에, 진秦나라서기전 221~서기전 206의 난리를 피해 동쪽으로 온 중국 사람들의 무리가 있었다. 그때 많은 사람들이 마한의 동쪽에 터를 잡고 살았는데, 이들은 마한 동쪽 경계에 있는 진한 사람들과 섞여 살게 되었다.

至是寖盛 故馬韓忌之 有責焉
지시침성 고마한기지 유책언

이들(진한=신라)이 혁거세 때에 와서 점점 크게 발전하니, 마한이 이를 시기하여 허물을 들어 꾸짖은 것이다.

瓠公者 未詳其族姓 本倭人 初以瓠繫腰 度海而來 故稱瓠公
호공자 미상기족성 본왜인 초이호계요 도해이래 고칭호공

호공은 그 족보와 성씨가 알려져 있지 않다. 원래 왜인이었는데 처음에 허리에 표주박瓠 표주박 호을 매달고 바다를 건너왔다고 한다. 이런 이유로 호瓠를 사용하여 호공이라고 하는 것이다.

三十九年 馬韓王薨 或說上曰

39년 마한왕홍 혹설상왈

혁거세왕 39년, 서기전 19년 마한 왕이 죽었다. 어떤 사람이 왕에게 말했다.

西韓王前辱我使 今當其喪征之 其国不足平也

서한왕전욕아사 금당기상정지 기국부족평야

"예전에 서한(마한이 진한, 즉 신라의 서쪽에 있어 서한이라고 칭한 것) 왕이 우리 사신을 욕보였습니다. 마땅히 상을 당한 이때에 저들을 정벌하면 마한을 평정하는 데 부족함이 없을 것입니다."

上曰 幸人之災 不仁也 不從 乃遣使弔慰

상왈 행인지재 불인야 부종 내견사조위

혁거세왕이 "남의 재앙을 다행으로 여기는 것은 어질지 못한 것이다" 라고 말하며 그 의견을 따르지 않았다. 사신을 보내 조문하며 위로하였다.

四十年 百濟始祖溫祚立

40년 백제시조온조립

혁거세왕 40년, 서기전 18년 백제 시조 온조가 즉위하였다.

四十三年 春二月乙酉晦 日有食之

43년 춘이월을유회 일유식지

혁거세왕 43년, 서기전 15년 봄 2월 을유일 그믐에 일식이 있었다.

五十三年 東沃沮使者來 獻良馬二十匹 曰
53년 동옥저사자래 헌량마이십필 왈
혁거세왕 53년, 서기전 5년 동옥저 사신이 왔다. 훌륭한 말 20필을
바치며 말했다.

寡君聞南韓有聖人出 故遺臣來享
과군문남한유성인출 고견신래향
"우리 임금님께서 남한(동옥저 위치에서 진한, 즉 신라는 남쪽에 있어 남한
이라고 칭한 것)에 성인이 나셨다는 말씀을 듣고 저를 보내 이 말들을
드리게 하셨습니다."

五十四年 春二月己酉 星孛于河皷
54년 춘이월기유 성패우하고
혁거세왕 54년, 서기전 4년 봄 2월 기유일에 살별(혜성)이 견우성 북
쪽에 있는 하고별 자리에 나타났다.

五十六年 春正月辛丑朔 日有食之
56년 춘정월신축삭 일유식지
혁거세왕 56년, 서기전 2년 봄 정월 신축일 초하루에 일식이 있었다.

五十九年 秋九月戊申晦 日有食之

59년 추구월무신회 일유식지

혁거세왕 59년, 2년 가을 9월 무신일 그믐에 일식이 있었다.

六十年 秋九月 二龍見於金城井中 暴雷雨 震城南門

60년 추구월 이용견어금성정중 폭뇌우 진성남문

혁거세왕 60년, 3년 가을 9월에 두 마리의 용이 금성 우물 속에 나타났다. 사납게 천둥이 치고 비가 쏟아졌다. 성의 남문에 벼락이 쳤다.

六十一年 春三月 居西干升遐 葬蛇陵 在曇巖寺北

61년 춘삼월 거서간승하 장사릉 재담암사북

혁거세왕 61년, 4년 봄 3월 거서간이 승하하셨다. 장례를 치르고 왕의 능 이름은 사릉이라 하였다. 담암사 북쪽에 있다.

● 고구려 시조 동명성왕

고구려 시조 동명성왕의 성은 고 씨이고 임금의 휘는 주몽이다. 주몽은 추모, 중해라고도 한다.

옛날 부여 왕 해부루는 늙도록 아들이 없었다. 해부루왕은 산천을 찾아다니며 제사를 드리면서 아들 낳기를 기원하였다. 어느 날 왕이 탄 말이 곤연에 이르렀는데, 말이 앞에 있는 큰 돌을 보며 눈물을 흘렸다. 왕이 이상함을 느끼고 사람을 시켜 그 돌을 치우게 하였더니 개구리 모양의 한 어린아이가 금빛으로 빛나는 것이 보였다. 왕이 기뻐하며 "이는 분명 하늘이 내게 내려주시는 후계자로구나" 하면서 거두어 길렀다. 이름을 금 금金에 개구리 와蛙를 써서 금개구리라는 뜻의 금와라고 지었다. 아이가 자라자 태자로 삼았다.

그 후 어느 날 재상 아란불이 해부루왕을 찾아와 말했다. "일전에 천제께서 제게 내려오셔서 말씀하시기를 '앞으로 이곳에 나의 자손으로 나라를 세우게 할 것이니 너는 이곳을 피하거라. 동해 쪽 물가 땅에 가섭원이 있는데 그곳은 토양이 기름져 오곡이 잘 자라니 도읍을 삼을 만하다'고 하셨습니다." 아란불이 이렇게 말하며 권하자 해부루 왕이 그 말을 따라 도읍을 옮기고 나라 이름을 동부여라고 하니, 떠나 온 이전의 부여는 북부여라고 불렀다. 해부루왕이 떠난 옛 도읍지에는 어디서 왔는지 모르는 자가 와서 스스로 천제의 아들 해모수라고 하였다.

해부루왕이 돌아가시자 금와가 동부여의 왕위를 계승하였다. 금와 왕이 태백산 남쪽 우발수를 지나다가 한 여자를 만났다. 왕이 (여인에 게 그곳에 있는 사정을) 묻자 여인이 대답하였다. "저는 하백의 딸이며 이름은 유화라고 합니다. 동생들과 함께 나와서 노는데, 한 남자가 와 서 자기는 천제의 아들 해모수라고 하였습니다. 저를 꾀어 웅신산 아 래 압록강가의 집으로 데려가 정을 통하고 가더니 다시 돌아오지 않 았습니다. 부모님께서 저의 일을 아시고 제가 중매도 없이 모르는 남 자를 따라갔다고 꾸짖으시고 내쫓으셔서, 지금 우발수에서 귀양살이 를 하고 있습니다." 금와왕은 유화의 말이 이상하다며 그녀를 데려와 궁실 한쪽에 깊이 가두었다.

유화가 (이렇게) 별궁에서 지내는데, 햇빛이 유화에게 쏟아져 비추었 다. 유화가 몸을 피하자 햇빛이 계속 쫓아와 비추더니 그 일로 임신을 하여 알을 하나 낳았다. 크기가 닷 되나 되니 갓난아이만큼이나 커다 란 알이었다. 왕이 알을 개와 돼지에게 버렸는데 모두 먹지 않았다. 다시 길가에 버렸더니 소와 말이 피해 다녔다. 그 후에 다시 들에 버렸더니 새가 와서 날개로 덮어주었다. 왕이 깨트리려고 했지만 깰 수 없었다. 마침내 그 어미에게 되돌려 주었다. 어미가 물건을 싸듯이 감싸서 따뜻한 곳에 두고 보호하였더니 남자아이가 알을 깨고 태어났는데 뼈대가 곧고 생김새에 영특함이 보였다. 나이 겨우 일곱 살에 벌써 총명하였고, 남들과 달라 특별히 영리하고 성숙하였다. 스스로 활과 화살을 만들어 쏘았는데 백 번 쏘면 백 번 다 명중이었다. 부여 풍속에 활 잘 쏘는 사람을 주몽이라고 하였는데, 이런 이유로 아이 이름이 주몽이 되었다.

금와에게는 일곱 명의 아들이 있었는데 늘 주몽과 함께 놀았다. 그런데 일곱 명의 재주가 모두 주몽에 미치지 못했다. 맏아들 대소가 왕에게 아뢰었다. "주몽은 사람의 자식이 아닌 데다 그 사람됨은 매우 용맹스럽습니다. 만약 일찌감치 없애지 않는다면 어떤 후환이 생길지 두렵기만 합니다" 하면서 주몽을 없애 주길 청하였다. 왕은 주몽을 없애 달라는 대소의 말을 듣지 않았으나, 그 대신 주몽에게 말 돌보는 천한 일을 시켰다. 주몽은 준마를 볼 줄 알았다. 준마에게 먹이를 조금 주어 여위게 하고 둔한 말은 잘 먹여 살찌웠다. 왕이 튼튼해 보이는 살찐 말은 자기가 타고 비쩍 말라 파리한 말은 주몽에게 주었다.

얼마 후 들에서 사냥을 하였다. 활을 잘 쏘는 주몽은 적은 화살로 아주 많은 짐승을 잡았다. 왕자들과 여러 신하들이 다시 주몽을 죽이자고 모의하였다. 주몽의 어머니 유화부인이 그 음모를 알아채고 아들에게 말하였다. "나라 사람들이 장차 너를 해치려고 하는구나. 너의 재주와 지략으로 어디인들 못 가겠느냐? 이곳에 머물며 험한 일 당하지 말고 멀리 떠나 너의 뜻을 이루는 것이 좋겠다."

이에 주몽이 오이, 마리, 협보 등 세 친구와 함께 부여를 떠나기로 하고 엄호수 쪽으로 말을 달렸다. 엄호수는 일명 개사수라고도 하는데, 압록강 동북쪽에 있는 강이다. 이 강을 건너면 부여 땅을 벗어나는 것이다. 엄호수에 이르러 강을 건너려는데 다리는 없고 주몽을 죽이려는 병사들이 벌써 추격해 오고 있었다. 일행은 잡힐까 두려웠다. 그때 주몽이 강물을 향해 말하였다. "나는 천제의 아들이요, 하백의 외손이다. 오늘 부여를 떠나 도망가고 있는데 추격자들이 벌써 다가오고 있으니 어찌하면 좋겠느냐?" 그러자 강에서 물고기와 자라들이 떠올라 다리를 놓아주었다. 주몽은 강을 건넜다. 주몽 일행이 강을 다 건너자 물고기와 자라 떼가 흩어져 추격하던 병사들은 강을 건널 수 없었다.

주몽이 모둔곡 계곡에 도착했다. 『위서』에는 보술수 강가에 도착했다고 한다. 그곳에서 우연히 세 사람을 만났다. 한 사람은 삼베옷을 입었고, 다른 한 사람은 여기저기 기워 지은 검은색 누더기를 걸쳤고, 또 다른 사람은 물풀로 만든 옷을 입고 있었다. 주몽이 물었다. "그대들은 무슨 일을 하는 사람이며, 이름과 성은 무엇이오?" 삼베옷을 입은 사람이 대답하였다. "제 이름은 재사입니다." 검은색 누더기를 걸친 사람이 대답하였다. "제 이름은 무골입니다." 이어 물풀로 만든 옷을 입은 사람도 대답하였다. "제 이름은 묵거입니다." 그들은 모두 이름만 말할 뿐 성은 말하지 않았다. 주몽은 그들이 성이 없다는 것을 알았다. 이에 주몽이 재사에게는 극 씨를, 무골에게는 중실 씨를 그리고 묵거에게는 소실이라는 성을 주었다.(주몽이 그들에게 성을 준 것은 그들을 자기 사람으로 받아들인다는 의미이다. 또 성을 받은 세 사람은 이제부터 주몽의 신하가 되는 것을 받아들인 것이다) 그리고 주변 사람들에게 말했다. "내가 지금 하늘의 명을 받고 나라를 세우려는데, 이곳에서 마침 현자 세 사람을 만났으니, 이 어찌 하늘이 내게 주신 사람이 아니겠는가!" 그리고 각 사람들의 능력을 헤아려 맞는 일을 맡기고 함께 길을 떠났다. 주몽 일행이 졸본천에 이르렀다. 『위서』에는 흘승골성에 도착했다고 한다.

졸본 땅에 들어와 보니 땅은 드넓고 토지는 비옥하였으며, 산과 물은 높고 험하여 도읍을 세우기에 더할 나위 없이 좋은 형세였다. 드디어 졸본을 도읍으로 정하였다. 그러나 당장 궁궐을 지을 형편이 아니었으므로 비류수 강가를 따라 풀잎과 갈대를 엮어 초가집을 짓고 살았다. 나라 이름을 고구려라고 하고, 나라 이름의 고高를 이유로 고高를 성씨로 삼았다. 고구려를 세운 후 고주몽이라고 하였다. 이때 주몽의 나이 22세였다. 중국 전한시대 효원제 건소 2년이며, 신라를 기준으로 박혁거세가 즉위한 지 21년째 되는 갑신년, 서기전 37년이었다.

한편 주몽이 졸본에 세운 고구려에 대하여 다른 이야기도 전한다. 즉 졸본 땅에는 이미 졸본부여가 있었는데, 주몽이 도착한 곳이 졸본 부여라는 것이다. 졸본부여 왕은 아들이 없었는데 주몽을 보고 범상치 않은 인물이라는 것을 알아보고 자기 딸을 주몽의 아내로 주었다. 졸 본부여의 왕이 돌아가시자 사위였던 주몽이 그 왕위를 계승했다고도 한다.

주몽이 고구려를 세웠다는 이야기를 듣고 사방에서 사람들이 모여 들었다. 그 지역이 말갈 부락과 이어져 있어 말갈족이 수시로 침략하 며 약탈하여 사람들이 늘 공포에 떨며 피해를 입었는데, 주몽의 명성 을 듣고 그의 백성이 되어 보호받길 원한 것이다. 이에 주몽이 군사를 갖추어 말갈족을 공격하여 물리치니 말갈족이 두려워하며 복종하고 감히 침략하지 못했다.

왕이 비류수 강 상류로부터 채소 잎이 흘러오는 것을 보고 비류수 강 위쪽에도 사람들이 살고 있음을 알았다. 왕이 사냥을 나가 그 지역 을 살피다가 비류국에 이르렀다. 그 나라의 왕 송양이 나와 주몽을 보 고 말하였다. "과인은 바닷가 끝, 외진 곳에 살면서 군자를 만날 기회 가 적었소. 오늘 이렇게 우연히 훌륭한 군자를 만났으니 이 얼마나 다 행한 일이오! 그런데 나는 그대를 모르니, 군자는 누구며 어디에서 오 셨소?" 이에 주몽이 대답하였다. "나는 천제의 아들로 모처에서 왔 소." 송양이 듣고 말하였다. "나는 이 땅에서 대대로 왕을 지냈소. 이곳은 작아서 두 명의 주인이 필요 없다오. 군자께서 도읍을 세운 지 얼마 안 되었으니 나를 섬기는 것이 어떻겠소?" 왕은 송양이 비류국을 섬기라는 말에 분노하여 말다툼을 하였다.(서로 정통正統 왕이라는 주장이 끝이 없자) 또 활 쏘는 솜씨로 (누가 이 땅의 유일한 왕인지) 기예를 다투었으나 송양은 주몽을 이길 수 없었다.

주몽이 왕이 된 지 2년, 서기전 36년 여름 6월 송양이 나라를 들어 항복하였다. 고구려는 비류국이었던 지역을 다물도라 부르고 송양을 그대로 다물도의 주인으로 봉하였다.(송양이 주몽의 신하가 된 것이다) 고구려 말에 다시 회복한 옛 땅, 또는 예전 상태로 만든 땅을 다물이라고 하므로 이것(다물)을 (새로운) 이름으로 한 것이다.

동명성왕 3년, 서기전 35년 봄 3월에 골령에 황룡이 나타났다. 가을 7월에 골령 남쪽에 상서로운 구름이 일어 하늘이 푸르고 붉고 하였다.

동명성왕 4년, 서기전 34년 여름 4월에 사방에서 구름과 안개가 일어 사람들은 7일 동안이나 주변의 색을 구별할 수 없었다. 그해 가을 7월에 성곽과 궁실을 지었다.

동명성왕 6년, 서기전 32년 가을 8월 신의 새라는 난새가 궁정의 뜰에 나타났다.(당시 난새는 좋은 징조의 상징으로 여겼다) 10월에 왕은 오이와 부분노에게 태백산 동남쪽에 있는 행인국을 정벌하도록 하여 그 땅을 취하였다. 행인국의 영토는 고구려의 성과 읍으로 편성되었다.

동명성왕 10년, 서기전 28년 가을 9월에 (상서로움의 징조인) 난새가 왕궁의 난간에 앉았다. 왕은 11월에 부위염을 시켜 북옥저를 공격하게 하였다. 북옥저를 멸하고 그 지역은 모두 고구려의 성과 읍이 되었다.

동명성왕 14년, 서기전 24년 가을 8월에 왕의 어머니 유화부인이 동부여에서 돌아가셨다. 부여의 금와왕은 유화부인을 태후의 예로 장례 지낸 후 신묘(조상을 모시는 사당)를 지었다. 그해 겨울 왕이 부여 금와왕에게 사자를 보내 고구려 토산물을 바치며 그 은덕에 보답하였다.

동명성왕 19년, 서기전 19년 여름 4월에 부여에서 태어난 왕의 맏아들 유리가 어머니 예씨부인과 함께 고구려로 도망쳐 왔다. 왕이 기뻐하며 태자로 삼았다. 가을 9월에 왕이 승하하셨다. 나이 40세였다. 용산에 장례를 치르고 (왕의 공덕을 가려 동쪽을 밝힌 성인이라는 뜻을 담아) 시호를 동명성왕이라고 하였다.

三國史記 卷 第十三
삼국사기 권 제 13
高句麗本紀 第一
고구려본기 제 1

始祖東明聖王
시조동명성왕

始祖東明聖王 姓高氏 諱朱蒙 一云鄒牟 一云衆解
시조동명성왕 성고씨 휘주몽 일운추모일운중해

시조 동명성왕의 성은 고 씨이고, 임금의 휘는 주몽이다. *또 추모 또*
는 중해라고 하기도 한다.

先是 扶餘王解夫婁老無子
선시 부여왕해부루 노무자
옛날 부여 왕 해부루는 늙도록 아들이 없었다.

祭山川求嗣　其所御馬至鯤淵　見大石　相對流
제산천구사　기소어마지곤연　견대석　상대류
왕은 산천에 제사를 올리며 후사를 얻게 해달라고 기원하였다. 왕이
탄 말이 곤연에 이르러서 커다란 돌을 바라보면서 눈물을 흘렸다.

王怪之 使人轉其石 有小兒 金色蛙形 *蛙 一作蝸*
왕괴지 사인전기석 유소아금색와형와 일작와
왕이 이상하게 여겨 사람들에게 그 돌을 치우게 하였더니, 개구리 모
양에 금빛이 나는 어린아이가 있었다. *개구리 외蛙는 달팽이 외蝸로 쓰*
기도 한다.

王喜曰 此乃天賚我令胤乎 乃收而養之　名曰金蛙　及其長　立爲太子
왕희왈 차내천뢰아령윤호 내수이양지　명왈금와　급기장　입위태자
왕이 기뻐하며 "이는 하늘이 내게 내려주시는 후계자로구나" 하였다.
아이를 거두어 키웠고 이름은 금빛개구리라는 뜻의 금와金 금 금, 蛙 개구

리 와라고 지었다. 아이가 자라자 태자로 삼았다.

後 其相阿蘭弗曰 日者 天降我曰 將使吾子孫立國於此 汝其避之
후 기상아란불왈 일자 천강아왈 장사오자손입국어차 여기피지

그 후 어느 날 부여의 재상 아란불이 왕을 찾아왔다. "일전에 천제께
서 제게 내려와 말씀하시기를 '장차 이곳에 내 자손으로 하여금 나라
를 세우게 할 것이니 너는 여기를 피하거라.'

東海之濱有地 號曰迦葉原 土壤膏腴宜五穀 可都也
동해지빈유지 호왈가섭원 토양고유의오곡 가도야

'동해 쪽 물가 지역에 가섭원이라는 땅이 있는데 토양이 비옥하여 오
곡이 잘되니, 그곳에 도읍을 정할 만하다'고 하셨습니다."

阿蘭弗遂勸王 移都於彼 國號東扶餘
아란불수권왕 이도어피 국호동부여

아란불이 해부루왕에게 이렇게 말하며 권하니, 왕이 도읍을 옮겨 그곳
을 피하였다. 나라 이름을 동부여라고 하였다.(이후 떠나온 이전의 부여
는 북부여라고 한다)

其舊都有人 不知所從來 自稱天帝子解慕漱 來都焉
기구도유인 부지소종래 자칭천제자해모수 래도언

해부루가 떠나온 옛 도읍지에는 어디서 왔는지 알 수 없는 자가 어느

새 와서 스스로 천제의 아들 해모수라고 하였다.

及解夫婁薨 金蛙嗣位 於是時 得女子於太白山南優渤水 問之
급해부루훙 금와사위 어시시 득여자어태백산남우발수 문지
해부루왕이 돌아가시자 금와가 왕위를 계승하였다. 이때에 금와왕이
태백산 남쪽 우발수에서 한 여자를 만나 물었다.

曰 我是河伯之女 名柳花 與諸弟出遊 時有一男子 自言天帝子解慕漱
왈 아시하백지녀 명유화 여제제출유 시유일남자 자언천제자해모수
여자가 대답하기를, "저는 하백의 딸이며 이름은 유화라고 합니다. 여
러 동생들과 함께 나와서 노는데, 한 남자가 와서 자기는 천제의 아들
해모수라고 하였습니다.

誘我於熊神山下 鴨綠邊室中 私之卽往不返
유아어웅신산하 압록변실중 사지즉왕불반
나를 유인하여 웅신산 아래 압록강가의 집으로 데려가 정을 통하고
가더니 다시 오지 않았습니다.

父母責我無媒而從人 逐謫居優渤水 金蛙異之 幽閉於室中
부모책아무매이종인 수적거우발수 금와이지 유폐어실중
부모님께서 제가 중매도 없이 사내를 따라간 것을 꾸짖으셔서 우발수
에서 귀양살이 중입니다." 금와왕이 그 말을 기이하게 여기고, 궁으로

데려와 가두었다.

爲日所炤 引身避之 日影又逐而炤之 因而有孕 生一卵 大如五升許
위일소조 인신피지 일영우축이조지 인이유잉 생일란 대여오승허
유화가 머무는 곳에 햇빛이 비추어 유화가 몸을 피했더니 또 햇빛이
따라오며 그녀를 비추었다. 이 일로 인하여 임신을 하더니 알을 하나
낳았는데, 그 크기가 닷 되나 되었다.(3㎏ 정도로 거의 갓난아기만 한 크기)

王棄之 與犬豕 皆不食 又棄之路中 牛馬避之 後棄之野 鳥覆翼之
왕기지 여견시 개불식 우기지로중 우마피지 후기지야 조부익지
왕이 알을 버려 개와 돼지에게 주었는데 모두 먹지 않았다. 다시 길에
버렸더니 소와 말이 피해 다녔다. 그 후에 들에 내다 버렸더니 새들이
와서 날개로 덮어주었다.

王欲剖之不能破 遂還其母 其母以物裹之 置於暖處
왕욕부지불능파 수환기모 기모이물과지 치어난처
왕이 알을 깨 버리려 하였으나 깰 수 없었다. 마침내 그 어미에게 돌
려주니 그 어미가 알을 잘 감싸서 따뜻한 곳에 두어 보살폈다.

有一男兒 破殼而出骨表英奇 年甫七歲 嶷然異常
유일남아 파각이출골표영기 연보칠세 억연이상
남자아이가 알을 깨고 나왔는데, 얼굴 생김새와 기골이 남다르게 뛰어

났다. 일곱 살 어린 나이에 총명함이 보통 아이들과 달랐다.

自作弓矢 射之百發百中 扶餘俗語 善射爲朱蒙 故以名云
자작궁시 사지 백발백중 부여속어 선사위주몽 고이명운

스스로 활과 화살을 만들어 쏘는데, 쏘는 것마다 백발백중이었다. 부
여 풍속에 활 잘 쏘는 사람을 주몽이라 하였는데, 이런 이유로 아이
이름이 주몽이 되었다.

金蛙有七子 常與朱蒙遊戲 其伎能皆不及朱蒙 其長子帶素言於王曰
금와유칠자 상여주몽유희 기기능개불급주몽 기장자대소언어왕왈

금와왕에게는 일곱 명의 아들이 있었는데 늘 주몽과 함께 놀았다. 일
곱 왕자의 재능이 모두 주몽의 재주에 미치지 못하였다. 왕의 맏아들
대소가 왕에게 말했다.

朱蒙非人所生 其爲人也勇 若不早圖 恐有後患 請除之
주몽비인소생 기위인야용 약부조도 공유후환 청제지

"주몽은 사람의 소생이 아닙니다. 그 사람됨이 매우 용맹하니 만약 일
찌감치 도모하지 않으시면 장차 어떤 후환이 생길지 두렵습니다" 하
며 없애 주길 청하였다.

王不聽 使之養馬 朱蒙知其駿者
왕불청 사지양마 주몽지기준자

왕이 듣지 않고, 주몽에게 말 돌보는 일을 시켰다. 주몽은 준마를 볼

줄 알았다.

而減食令瘦 駿者 善養令肥 王以肥者自乘 瘦者給朱蒙
이감식령수 노자 선양령비 왕이비자자승 수자급주몽
준마는 먹이를 줄여 여위게 하고 둔한 말은 잘 먹여 살찌게 하였다.
왕이 살찐 말은 자기가 타고, 여위어 비루한 말은 주몽에게 주었다.

後 獵于野 以朱蒙善射 與其矢小而朱蒙殪獸甚多 王子及諸臣又謀殺之
후 렵우야 이주몽선사 여기시소이주몽에수심다 왕자급제신우모살지
후에 들에서 사냥을 하였는데, 활을 잘 쏘는 주몽은 적은 화살을 가지
고 아주 많은 짐승을 잡았다. 왕자들과 여러 신하들이 다시 또 주몽을
죽이자고 모의하였다.

朱蒙母陰知之 告曰
주몽모음지기 고왈
주몽의 어머니가 그 음모를 알고 주몽에게 말하였다.

國人將害汝 以汝才略 何往而不可 與其遲留而受辱 不若遠適以有爲
국인장해여 이여재략 하왕이불가 여기지유이수욕 불약원적이유위
"나라 사람들이 장차 너를 해치려고 한다. 너의 재주와 지략으로 어디
인들 못 가겠느냐? 이곳에 머물다가 수치스러운 일 당하지 말고 멀리
떠나 네 뜻을 이루어라."

朱蒙乃與烏伊摩離陜父 等三人爲友 行至淹淲水

주몽내여오이마리협보 등삼인위우 행지엄호수

이에 주몽이 오이, 마리, 협보 등 세 친구와 함께 길을 떠나 엄호수에 도착하였다.

一名盖斯水在今鴨綠東北 欲渡無梁 恐爲追兵所迫

일명개사수재금압록동북 욕도무량 공위추병소박

엄호수는 일명 개사수라고도 불린다. 지금 압록강 동북쪽에 있다. 강을 건너려는데 다리는 없고, 병사들이 가까이 추격해 와서 잡힐까 두려웠다.

告水曰 我是天帝子 河伯外孫 今日逃走 追者垂及如何

고수왈 아시천제자 하백외손 금일도주 추자수급여하

주몽이 강물을 향해 말하였다. "나는 하늘임금의 아들이요, 하백의 외손이다. 지금 도망 중인데 추격하는 자들이 다가오니 어찌하면 좋겠느냐?"

於是 魚鼈浮出成橋 朱蒙得渡 魚鼈乃解 追騎不得渡

어시 어별부출성교 주몽득도 어별내해 추기부득도

그러자 물고기와 자라 떼가 떠올라 다리를 만들었다. 주몽 일행이 강을 건너자 물고기와 자라 떼가 흩어져서 쫓아오는 기병들은 강을 건널 수 없었다.

朱蒙行至毛屯谷　*魏書　云 至普述水*

주몽행지모둔곡 위서 운 지보술수

주몽이 강을 건너 모둔곡에 도착하였다. 『위서』에는 보술수에 도착하
였다고 한다.

遇三人 其一人着麻衣 一人着衲衣 一人着水藻衣

우삼인 기일인착마의 일인착납의 일인착수조의

모둔곡을 지나다가 우연히 세 사람을 만났는데 한 사람은 베옷을 입
었고, 한 사람은 검은색 누더기 옷을 입었고, 한 사람은 물풀로 만든
옷을 입었다.

朱蒙問曰 子等何許人也 何姓何名乎

주몽문왈 자등하허인야 하성하명호

주몽이 물었다. "그대들은 무엇을 하는 사람이오, 성은 무엇이며 이름
은 무엇이오?"

麻衣者曰 名再思 衲衣者曰 名武骨 水藻衣者曰 名黙居 而不言姓

마의자왈 명재사 납의자왈 명무골 수조의자왈 명묵거 이불언성

베옷을 입은 사람은 이름이 재사라 하고, 검은색 누더기 옷을 입은 사
람은 무골이라 하고, 물풀로 만든 옷을 입은 사람은 묵거라고 대답하
였으나, 모두들 성은 말하지 않았다.

朱蒙賜再思姓克氏 武骨仲室氏 黙居少室氏

주몽사재사성극 씨 무골중실씨 묵거소실씨

주몽이 재사에게는 극 씨, 무골에게는 중실 씨, 묵거에게는 소실 씨를 성으로 주었다.

乃告於衆曰 我方承景命 欲啓元基 而適遇此三賢 豈非天賜乎

내고어중왈 아방승경명 욕계원기 이적우차삼현 기비천사호

그리고 사람들에게 말하길, "내가 하늘의 명을 받아 나라를 세우고자 하는데, 지금 이곳에서 이 세 사람의 현인을 만났으니, 이는 곧 하늘이 내게 보내주신 것이 아니겠소!" 하였다.

遂揆其能 各任以事 與之俱至卒本川 *魏書云 至紇升骨城*

수규기능 각임이사 여지구지졸본천 *위서운 지흘승골성*

이윽고 사람들의 능력을 헤아려 각각 그들의 능력에 맞는 일을 맡기고 함께 길을 떠나 졸본천에 이르렀다. *『위서』에는 흘승골성에 도착했다고 한다.*

觀其土壤肥美山河險固遂欲都焉而未遑作宮室 但結廬於沸流水上 居之

관기토양비미산하험고수욕도언이미황작궁실 단결려어비류수상 거지

토양이 비옥하고 산과 물이 굳고 험준하니, 도읍으로 삼기에 좋은 곳이었다. 그렇지만 당장 궁궐을 지을 형편이 아니어서 비류수 강가에 풀로 초가집을 짓고 살았다.

國號高句麗 因以高爲氏

국호고구려 인이고위씨

나라 이름을 고구려라고 하였다. 고구려라는 나라 이름을 따라서 자신
의 성도 고 씨로 하였다.

一云 朱蒙至卒本扶餘 王無子

일운 주몽지졸본부여 왕무자

한편, 주몽이 도착한 곳이 졸본부여인데, 졸본부여의 왕에게는 아들이
없었다고 한다.

見朱蒙知非常人 以其女妻之 王薨 朱蒙嗣位 時 朱蒙年二十二歲

견주몽지비상인 이기녀처지 왕훙 주몽사위 시 주몽연이십이세

졸본부여의 왕은 주몽이 보통사람이 아닌 것을 알고 자신의 딸을 아
내로 주었다. 왕이 죽자 주몽이 왕위를 물려받았다고 한다. 그때 주몽
의 나이 22세였다.

是漢孝元帝建昭二年 新羅始祖赫居世二十一年甲申歲也

시한효원제건소이년 신라시조혁거세이십일년갑신세야

주몽이 왕이 된 때는 한漢나라 효원제 건소 2년, 서기전 37
년으로, 신라 박혁거세가 왕이 된 지 21년째인 갑신년이었다.

四方聞之來附者衆 其地連靺鞨部落 恐侵盜爲害

사방문지래부자중 기지연말갈부락 공침도위해

사방에서 고구려가 세워진 것을 듣고 사람들이 찾아와 주몽의 백성이 되었다. 그곳은 말갈족의 마을과 이웃한 경계 지역이라서 말갈부족의 침략과 도적질로 사람들이 많은 해를 입으며 공포에 떨고 있었다.

遂攘斥之 靺鞨畏服 不敢犯焉

수양척지 말갈외복 불감범언

마침내 주몽이 그들을 물리치니 말갈이 두려워하며 복종하고 감히 침범하지 못하였다.

王見沸流水中 有菜葉逐流下 知有人在上流者 因以獵往尋 至沸流國

왕견비류수중 유채엽축류하 지유인재상류자 인이렵왕심 지비류국

왕이 비류수 강물 따라 채소 잎이 흘러 내려오는 것을 보더니, 비류수 상류 쪽에도 사람들이 사는 것을 알았다. 사냥하면서 그 지역을 살펴보고 비류국에 이르렀다.

其國王松讓出見曰 寡人僻在海隅 未嘗得見君子

기국왕송양출견왈 과인벽재해우 미상득견군자

비류국의 왕 송양이 나와 주몽을 보고 말하였다. "과인은 바닷가 귀퉁이에 사느라 군자를 만나기가 어려웠소.

今日邂逅相遇 不亦幸乎 然不識吾子 自何而來
금일해후상우 불역행호 연불식오자 자하이래

오늘 그대를 우연히 만나니 이 어찌 다행한 일이 아니오. 그런데 나는
그대를 모르니, 군자는 누구며 어디에서 오셨소?"

答曰 我是天帝子 來都於某所
답왈 아시천제자 내도어모소

왕이 답하길 "나는 천제의 아들로 모처에서 왔소" 하였다.

松讓曰 我累世爲王 地小不足容兩主 君立都日淺 爲我附庸 可乎
송양왈 아누세위왕 지소부족용양주 군립도일천 위아부용 가호

송양이 말했다. "나는 이곳에서 대대로 왕을 지냈는데, 이 땅은 작아
서 두 명의 군주가 필요 없소. 군이 도읍을 세운 지 얼마 안 되었으니
나를 섬기는 것이 어떻소?"

王忿其言 因與之鬪辯 亦相射以校藝 松讓不能抗
왕분기언 인여지투변 역상사이교예 송양불능항

왕이 섬기라는 말에 분노하여 말다툼을 하였다. 또 활쏘기로 기예를
겨루었으나, 송양은 주몽을 대적할 수 없었다.

二年 夏六月 松讓以國來降 以其地爲多勿都 封松讓爲主
2년 하유월 송양이국래항 이기지위다물도 봉송양위주

동명성왕 2년, 서기전 36년 여름 6월 송양이 결국 나라를 들어 항복
하였다. 왕은 그 땅을 '다물도'라 바꾸어 부르고 송양을 다물도의 주
인으로 삼았다.

麗語謂復舊土爲多勿 故以名焉
려어위복구토위다물 고이명언

고구려 말에 다시 회복한 옛 땅, 또는 예전 상태로 되돌린 땅을 다물
이라고 하므로 이것(다물)을 이름으로 한 것이다.

三年 春三月 黃龍見於鶻嶺 秋七月 慶雲見鶻嶺南 其色靑赤
3년 춘삼월 황룡견어골령 추칠월 경운견골령남 기색청적

동명성왕 3년, 서기전 35년 봄 3월에는 골령에 황룡이 나타났다. 가을
7월에는 골령 남쪽에 상서로운 구름이 나타나 하늘색이 푸르고 붉고
하였다.

四年 夏四月 雲霧四起 人不辨色七日 秋七月 營作城郭宮室
4년 하사월 운무사기 인불변색칠일 추칠월 영작성곽궁실

동명성왕 4년, 서기전 34년 여름 4월 사방에서 구름과 안개가 일더니
7일 동안 (어두워서) 그 주변 색깔을 구별할 수 없었다. 그해 가을 7월
에 성곽과 궁궐을 지었다.

六年 秋八月 神雀集宮庭

6년 추팔월 신작집궁정

동명성왕 6년, 서기전 32년 가을 8월 신의 새인 난새가 궁정 뜰에 나타났다.(난새는 좋은 징조를 상징한다)

冬十月 王命烏伊 扶芬奴 伐太白山東南荇人國 取其地 爲城邑

동시월 왕명오이 부분노 벌태백산동남행인국 취기지 위성읍

그해 10월에 왕이 신하 오이와 부분노를 시켜 태백산 동남쪽에 있는 행인국을 정벌하였다. 행인국을 차지하고 그 땅을 고구려의 성과 읍으로 만들었다.

十年 秋九月 鸞集於王臺

10년 추구월 난집어왕대

동명성왕 10년, 서기전 28년 가을 9월에 (상서로운 징조인) 난새가 궁궐 난간에 앉았다.

冬十一月 王命扶尉猒 伐北沃沮滅之 以其地爲城邑

동십일월 왕명부위염 벌북옥저멸지 이기지위성읍

그해 겨울 11월 왕은 신하 부위염에게 명하여 북옥저를 정벌하게 하여 멸망시켰다. 그 땅은 고구려의 성과 읍으로 편성되었다.

十四年 秋八月 王母柳花薨於東扶餘 其王金蛙以太后禮 葬之 遂立神廟

14년 추팔월 왕모유화훙어동부여 기왕금와이태후예 장지 수립신묘

동명성왕 14년, 서기전 24년 가을 8월 왕의 어머니 유화부인이 동부여에서 죽었다. 부여 금와왕이 부인을 태후의 예로써 장사 지내고 유화부인의 사당을 지었다.

冬十月 遣使扶餘饋方物 以報其德

동시월 견사부여궤방물 이보기덕

그해 겨울 10월 왕이 부여 왕에게 사자를 보내어 고구려의 토산물을 바치며 그 은덕에 보답하였다.

十九年 夏四月 王子類利自扶餘與其母逃歸 王喜之 立爲太子

19년 하사월 왕자유리자부여여기모도귀 왕희지 입위태자

동명성왕 19년, 서기전 19년 여름 4월 동명성왕의 아들 유리가 자기 어머니와 함께 부여에서 도망쳐 고구려에 왔다. 왕이 기뻐하며 태자로 세웠다.

秋九月 王升遐 時年四十歲 葬龍山 號東明聖王

추구월 왕승하 시년사십세 장용산 호동명성왕

그해 9월에 왕이 승하하셨다. 나이 40세였다. 용산에 장사 지내고 시호를 동명성왕이라고 하였다.

● 백제 시조 온조왕

백제 시조는 온조왕이다. 온조왕의 아버지는 추모인데 주몽이라고도 부른다. 주몽은 북부여에서 생명의 위협을 받자 도망쳐서 졸본부여에 이르렀다. 졸본부여 왕은 아들 없이 딸만 셋이 있었다. 왕은 주몽이 보통 사람이 아님을 알아보고 둘째 딸과 결혼시켜 사위로 삼았다. 얼마 지나지 않아 졸본부여 왕이 죽자 주몽이 왕위를 계승하였다. 주몽은 아들 둘을 낳았는데 맏아들은 비류, 둘째 아들이 온조이다. 혹자는 주몽이 졸본에 도착하여 이웃 마을의 여자와 결혼하여 두 아들을 낳았다고도 한다.

그런데 주몽은 북부여에서 태어난 아들이 고구려로 자신을 찾아오자 그를 태자로 삼았다. 비류와 온조는 이복형제인 태자가 자신들을 용납하지 않을까 두려워하였다. 결국 뜻을 모아 오간, 마려 등 열 명의 신하들과 함께 고구려를 떠나기로 하고 남쪽으로 향했다. 그들이 길을 나서자 따르는 백성들이 많았다.

마침내 (고구려 지나) 남쪽 한산에 이르렀다. 한산 높은 봉우리 부아악에 올라가 (주변을 보며) 도읍 세울 만한 곳을 살폈다. 비류는 바닷가 쪽에 살기를 원했다. 그러자 따라온 열 명의 신하들이 간하였다. "저 아래 물 흐르는 남쪽을 보십시오. 그 북쪽으로 강이 띠처럼 흐르고, 동쪽으로 높은 산이 있으며, 남쪽으로 비옥하고 너른 평야가 있고 서쪽은 큰 바다로 막혀 있으니, 이렇게 저절로 이루어진 험준한 산과 너른 땅의 이로움을 함께 얻기는 어렵습니다. 도읍은 마땅히 이런 곳에 세워야 하지 않겠습니까?" 그러나 비류는 신하들의 말을 듣지 않았다. (따라온) 백성들도 나뉘어 비류를 따라 멀리 미추홀에 가서 살았다. 온조는 신하들의 의견을 따라 그곳 강의 남쪽에 도읍을 세우고 위례성을 쌓았다. 하남河南 위례성慰禮城이다. 열 명의 신하들이 온조를 도와 함께 나라를 일구며 나라 이름을 십제十濟라고 하였다. 전한 성제 홍가 3년, 서기전 18년이었다.

비류의 바닷가 미추홀 땅은 습하고 물은 짜서 살기에 편하지 않았다. 비류가 온조의 위례성에 와 보니 도읍이 세 발 달린 솥처럼 안정되어 백성들이 편안하고 태평하게 살고 있었다. 비류는 (지난날 바닷가를 고집하여 떠났던 것을) 부끄러워하며 후회하다가 그만 죽고 말았다. 비류가 죽자 그의 신하들과 백성들이 모두 위례성으로 돌아왔다. 이에 온조는 많은 백성들이 즐거이 따른다며 나라 이름을 십제十濟에서 백제百濟로 바꾸었다. 온조는 자신의 조상이 대대로 고구려와 같은 부여 출신이라는 이유로 부여를 성씨로 삼았다.

한편 백제의 시조는 비류왕이라고도 한다. 비류의 아버지는 우태로 북부여 해부루왕의 서손(정식으로 혼인하지 않은 사이에서 태어난 자손)이 며, 어머니는 소서노로 졸본 사람 연타발의 딸이라는 것이다. 소서노가 우태에게 시집와서 두 아들을 낳았는데, 첫째가 비류이고, 둘째가 온조라는 것이다. 우태가 죽자 과부가 된 소서노는 졸본에서 살았다.

주몽은 부여에서 자신의 존재가 용납되지 않자 남쪽 졸본 지역으로 달아났다. 전한 건소 2년, 서기전 37년 봄 2월이었다. 졸본에 도읍을 세우고 나라 이름을 고구려라고 하였다. 이때 소서노를 왕비로 맞았다. 그녀는 주몽을 도와 나라의 기초를 튼튼히 하는 데 큰 역할을 하였다. 이러한 내조의 힘을 받게 되자 주몽은 소서노를 더욱 총애하게 되었고, 더불어 비류와 온조를 자기 아들처럼 아끼고 사랑하였다.

그러나 부여에서 혼인한 예씨부인이 낳은 아들 유류(유리)가 오자 왕은 그를 태자로 삼고 왕위를 물려주었다. 이에 비류가 동생 온조에 게 말하였다. "처음에 대왕께서 부여의 난을 피하여 여기로 도망 오셨을 때, 우리 어머니께서 집안의 재산을 모두 보태시며 힘을 다하여 대왕이 나라 세우시는 것을 도우셨다. 그런데 대왕께서 돌아가시고 유류(유리)가 나라의 주인이 되어 마치 우리 형제가 쓸데없이 번거로운 혹 같은 것처럼 부당한 대우를 받고 있으니 가슴이 막히고 너무 답답하다. 이제 어머니를 모시고 남쪽으로 내려가서 우리의 나라를 따로 세우는 것이 어떻겠느냐?" 마침내 비류는 동생 및 따르는 무리를 이끌고 패수와 대수 두 강을 건너 미추홀에 이르러 살았다.(즉, 비류가 미추홀에 머물던 시기에 백제가 시작된 것이라는 이야기도 있다)

『북사北史』와 『수서隋書』(『북사北史』와 『수서隋書』는 모두 7세기 무렵 당唐나라 태종재위 627~649의 명으로 편찬된 역사책)에 다음과 같이 전한다. "동명의 후손 중에 구태(우태)가 있다. 그는 어질고 신의가 돈독하여 많은 사람들이 따랐다. 그러자 그는 따르는 무리와 함께 옛 대방의 땅에 나라를 세웠다. 한나라 요동 태수 공손도는 (구태의 위세를 보고) 자기 딸을 구태에게 시집보냈다. 구태의 나라는 마침내 동이東夷 중에 가장 강한 나라가 되었다."

이렇게 백제의 시조가 '온조다, 비류다'라는 기록이 있고, 온조와 비류의 아버지는 '주몽이다, 구태(우태)다'라는 기록이 전한다. 어느 말이 옳은지 알 수가 없다.(전해 오는 기록을 모두 옮긴다)

온조왕 즉위 원년, 서기전 18년 여름 5월 왕은 동명왕의 사당을 세웠다.

온조왕 2년 정월, 서기전 17년 왕이 신하들에게 말했다. "말갈이 우리 북쪽 경계에 있는데, 그들은 용맹한데다가 속이는 일도 거리낌 없이 많이 한다. 그러니 우리는 이에 대비하기 위하여 늘 병기를 잘 준비하고 식량을 저축하여 방어할 계획을 세워야 한다." 3월에 왕은 숙부인 을음이 지혜와 담력이 있다며 우보라는 관직에 임명하고 군사와 병마에 관한 일을 맡게 하였다.

온조왕 3년, 서기전 16년 가을 9월 말갈이 국경 지역에 침입하였다. 왕이 정예병을 이끌고 재빨리 공격하여 그들을 무찔렀다. 적군은 열 명에 한두 명만이 겨우 살아 돌아갔다. 겨울 10월에 우레가 쳤다. 복숭아꽃과 자두꽃이 피었다.

온조왕 4년, 서기전 15년 봄과 여름에 가뭄이 들어 먹을 것이 없었다. 전염병이 돌았다. 가을 8월에 낙랑에 사신을 보내 우호관계를 맺었다.

온조왕 5년, 서기전 14년 겨울 10월 왕이 사냥을 나갔다가 신기한 사슴을 잡았다.

온조왕 6년, 서기전 13년 가을 7월 그믐 신미일에 일식이 있었다.

온조왕 8년, 서기전 11년 봄 2월 말갈 군사 3천 명이 침입하여 위례성을 포위했다. 왕은 성문을 굳게 닫은 채 나가지 않고 방어했다. 열흘이 지나자 적군은 군량이 떨어져서 물러갔다. 왕이 이때 정예군을 선발하여 대부현大斧峴까지 쫓아가서 싸워 이겼다. 죽이거나 사로잡은 적의 포로가 5백여 명이었다. 가을 7월에 마수에 성城을 쌓고 병산에는 목책木柵을 세워 경계를 확실히 하였다. 낙랑태수가 사람을 보내 말했다. "요사이 예를 갖추고 찾아와 서로 우호관계를 맺어 한집안처럼 여겼는데, 이제 우리 영역에 접근하여 성을 쌓고, 목책을 세우니, 이는 혹시 우리 땅을 점점 차지하려는 것이 아니오? 만일 예전의 우호관계를 그대로 유지하고 싶다면 마수성을 허물고 병산목책도 제거하여 우리의 의심을 사지 않도록 하시오. 그렇지 않으면 한번 싸워 승패를 결정하길 바랄 뿐이오." 이에 왕이 대답하였다. "험준한 요새를 설치하여 나라를 수비하는 것은 예나 지금이나 늘 있는 일이거늘, 어찌 이 문제로 화친과 우호관계에 변화가 있겠소. 이것은 당연한 일로 집사(낙랑태수)가 의심할 일이 아니오. 만일 집사(낙랑태수)가 강함을 믿고 군사를 일으킨다면 우리 또한 그에 대응할 것이오." 서로 이렇게 주고받으니 낙랑과의 우호관계가 끝났다.

온조왕 10년, 서기전 9년 가을 9월 왕이 사냥을 나갔다가 신기한 사슴을 잡았는데, 이것을 마한에 보냈다. 겨울 10월에 말갈이 북부 국경을 침입했다. 왕이 200여 명의 군사를 보내 곤미천昆彌川에서 싸우게 했다. 우리 백제 군사가 패하여 청목산靑木山으로 후퇴하여 수비를 하고 있었다. 왕이 직접 100여 명의 정예 기병을 거느리고 봉현烽峴으로 구원하러 나갔다. 적들이 이를 보고 물러갔다.

온조왕 11년, 서기전 8년 여름 4월 낙랑이 말갈을 부추겨 병산목책瓶山木柵을 습격하여 무너뜨렸다. 100여 명이 죽거나 약탈당했다. 가을 7월에 독산과 구천 두 곳에 목책을 설치하여 낙랑으로 가는 길을 막았다.

온조왕 13년, 서기전 6년 봄 2월 왕도王都에서 늙은 할미가 남자로 둔갑했다. 다섯 마리의 호랑이가 성안으로 들어왔다. 왕의 어머니가 사망하였다. 나이 61세였다. 여름 5월에 왕이 신하들에게 말했다. "동쪽에는 낙랑이 있고, 북쪽에는 말갈이 있다. 그들이 번갈아 가며 국경을 침입하니 편안한 날이 드물다. 게다가 요즘 요사스러운 징조가 나타나고 어머니마저 세상을 떠나셨다. 나라 형세가 이처럼 불안하니 필히 도읍을 옮겨야겠다. 내가 이전에 순행 나갔을 때 보니 한강 남쪽

토지가 비옥하였다. 그쪽으로 도읍을 옮겨 앞으로 오래오래 편안하도록 계획하여야겠다." 가을 7월에 한산 아래 목책을 세우고 위례성의 백성을 이주시켰다. 8월에 마한에 사신을 보내 도읍 옮기는 것을 알렸다. 마침내 국토의 경계를 확정하였다. 북으로 패하(현재의 예성강으로 추정)에 이르고, 남으로 웅천(현재의 안성천으로 추정)을 경계로 하였으며, 서로는 큰 바다(현재의 서해로 추정)에 닿았고 동으로는 주양(현재의 강원도 춘천으로 추정)에 이르렀다. 9월에 성과 대궐을 쌓았다.

온조왕 14년, 서기전 5년 봄 정월에 도읍을 옮겼다. 2월에 왕이 마을을 순회하면서 백성들을 위로하고 농사를 장려하였다. 가을 7월에 한강 서북쪽에 성을 쌓고 한성 주민의 일부를 이주시켰다.

온조왕 15년, 서기전 4년 봄 정월 새 궁궐을 지었다. 궁궐은 검소하지만 누추하지 않았고, 화려하지만 사치스럽지 않았다.

온조왕 17년, 서기전 2년 봄에 낙랑이 쳐들어와서 위례성을 불태웠다. 여름 4월에 사당을 세우고 왕의 어머니, 국모의 제사를 지냈다.

온조왕 18년, 서기전 1년 겨울 10월에 말갈이 습격했다. 왕이 군사를 거느리고 칠중하(현재의 파주시 일대)에서 말갈 군사와 싸웠다. 추장 소모를 생포하여 마한에 보내고, 그 밖의 나머지 병졸은 모두 구덩이에 묻었다. 11월에 왕이 낙랑의 우두산성을 공격하려고 구곡까지 갔었는데 눈이 많이 내려서 그냥 되돌아왔다.

온조왕 20년, 2년 봄 2월 왕이 큰 제단을 설치하고 천지신명에게 직접 제사를 지냈다. 이상한 새 다섯 마리가 제단 위를 날았다.

온조왕 22년, 4년 가을 8월 석두와 고목 두 지역에 각각 성을 쌓았다. 9월에 왕이 기병 1천 명을 거느리고 부현 동쪽 지방에서 사냥을 하다가 말갈 도적을 만났다. 단번에 물리쳤다. 이때 잡은 포로들은 장병들에게 나누어 주었다.

온조왕 24년, 6년 가을 7월 왕이 웅천에 목책을 세웠다. 그러자 마한 왕이 사신을 보내 책망하였다. "왕이 처음에 강을 건너와 발붙일 곳이 없을 때, 내가 동북방 1백 리(40km 정도) 땅을 내주며 살도록 해 주었다. 그러하니 내가 왕을 후하게 대접하지 않았다고 할 수 없을 것이다. 그런데 이에 대한 보답은 없을지언정 지금 나라가 안정되고 백성이 모여들어 세력이 커졌다고 '나에게 상대할 적이 없다'며 성을 쌓고 연못을 만들며 우리 강토를 침범하니, 이것이 과연 의로운 것인가?" 왕이 듣고 부끄러워하며 목책을 헐었다.

온조왕 25년, 7년 봄 2월 왕궁 우물이 거세게 넘쳤다. 한성 민가에서 말이 소를 낳았는데, 머리 하나에 몸이 둘이었다. 점치는 사람이 말하였다. "우물이 거세게 넘친 것은 대왕이 앞으로 크게 일어나실 징조입니다. 머리 하나에 몸이 두 개인 소가 태어난 것은 대왕께서 앞으로 이웃 나라를 병합할 징조입니다." 왕이 듣고 크게 기뻐하며 마침내 진한과 마한을 합치려는 마음을 가졌다.

온조왕 26년, 8년 가을 7월 왕이 말했다. "마한이 점점 약해지고 있다. 임금과 신하가 제각기 다른 생각을 품고 있으니 그 나라가 오래 유지될 리 없다. 만일 다른 나라가 먼저 마한을 합병하면 우리는 입술이 없어 이가 시린 처지가 될 것이다. 그때 가서 후회한들 아무 소용이 없을 것이니 우리가 남보다 먼저 취하여 나중에 겪을 어려움을 아예 없애는 것이 좋겠다." 겨울 10월에 왕이 출병하였다. 사냥 나간다고 크게 소문내고 몰래 마한을 기습적으로 공격하였다. 그리하여 마한의 마을들을 정복하고 복속시켰는데, 오직 원산과 금현 두 성만은 굳게 수비하여 점령하지 못했다.

온조왕 27년, 9년 여름 4월 드디어 원산과 금현 두 성이 항복하였다. 그곳 백성을 한산 북쪽으로 옮겼다. 마한이 마침내 멸망하였다. 가을 7월에 대두산성을 쌓았다.

온조왕 28년, 10년 봄 2월 맏아들 다루를 태자로 삼고 서울과 지방의 모든 군사지휘권을 맡겼다. 여름 4월에 서리가 내려 보리농사에 피해를 입었다.

온조왕 31년, 13년 봄 정월 나라 안의 민가들을 남부와 북부로 나누었다. 여름 4월에 우박이 내렸다. 5월에 지진이 났다. 6월에 또 지진이 났다.

온조왕 33년, 15년 봄과 여름에 큰 가뭄이 들었다. 백성들이 서로 잡아먹고 도적이 크게 일어나 왕이 백성들을 위로하며 안정시켰다. 가을 8월에 동부와 서부, 두 개의 부를 더 설치하였다.

온조왕 34년, 16년 겨울 10월에 마한의 옛 장수 주근이 우곡성을 거점으로 반란을 일으켰다. 왕이 직접 5천 명의 군사를 이끌고 토벌하였다. 주근이 목매어 자결하였다. 그 시체의 허리를 자르고 처자들도 죽였다.

온조왕 36년, 18년 가을 7월에 탕정성을 쌓고, 대두성 주민의 일부를 이주시켰다. 8월에 원산과 금현 두 성을 수리하고, 고사부리성을 쌓았다.

온조왕 37년, 19년 봄 3월 달걀 크기만 한 우박이 내렸다. 참새 같은 새들이 우박을 맞아 죽기도 하였다. 여름 4월부터 가물더니 6월에서야 비가 내렸다. 한강 동북쪽 마을에 흉년이 들었다. 기근을 피해 1천여 가구가 고구려로 도망갔고, 패수와 대수 사이에 사는 사람이 없어져 빈터가 되었다.

온조왕 38년, 20년 봄 2월 왕이 나라 안을 순시하며 백성을 위로하였다. 동쪽으로 주양, 북쪽으로는 패하까지 갔다가 50일 만에 돌아왔다. 3월에 왕이 사람을 보내 농사와 누에치기 일을 권장하고, 급하지 않은 일로 백성을 괴롭히는 부역을 모두 없앴다. 겨울 10월에 왕이 큰 제단을 쌓고 천지신명에게 제사를 올렸다.

온조왕 40년, 22년 가을 9월 말갈이 술천성述川城을 공격하였다. 겨울 11월에 말갈이 다시 부현성斧峴城을 습격하여 약탈당하거나 죽은 이가 백여 명이나 되었다. 왕이 200여 명의 정예 기병을 보내 적을 막으며 공격하게 하였다.

온조왕 41년, 23년 봄 정월에 우보 을음이 사망하였다. 북부의 해루를 우보로 임명하였다. 해루는 본래 부여 사람이다. 그는 도량이 넓고 식견이 깊었다. 나이 70이 넘었으나 허물이 없는 데다, 등이 꼿꼿하며 힘이 있어 등용되었다. 2월에 한강 동북 지역의 모든 마을에서 15세 이상 되는 장정을 징발하여 위례성을 수리하였다.

온조왕 43년, 25년 가을 8월 왕이 5일 동안이나 아산 벌판에서 사냥하였다. 9월에 100여 마리의 기러기 떼가 궁 안에 모였다. 점치는 사람이 기러기는 백성의 상징이라면서 장차 먼 곳에서부터 귀순해 오는 사람들이 있을 것이라고 말했다. 겨울 10월에 남옥저의 구파해 등 20여 가구가 부양에 와서 귀순하였다. 왕이 이들을 받아들여 한산 서쪽에 살도록 해주었다.

온조왕 45년, 27년 봄과 여름에 큰 가뭄이 들었다. 나무와 풀이 말라 죽었다. 겨울 10월에 지진이 나서 백성들의 집이 기울거나 무너졌다.

온조왕 46년, 28년 봄 2월에 왕이 돌아가셨다.

三國史記 卷 第二十三
삼국사기 권 제 23

百濟本紀 第一
백제본기 제 1

始祖温祚王
시조온조왕

百濟始祖温祚王 其父鄒牟 或云朱蒙 自北扶餘逃難
백제시조온조왕 기부추모 혹운주몽 자북부여도난

백제의 시조는 온조왕이다. 그의 아버지는 추모인데 주몽이라고도 불린다. 주몽은 북부여에서 난을 피해 도망 왔다.

至卒本扶餘 扶餘王無子 只有三女子 見朱蒙知非常人 以弟二女妻之
지졸본부여 부여왕무자 지유삼여자 견주몽지비상인 이제이녀처지

졸본부여에 이르렀는데, 졸본부여 왕은 아들 없이 딸만 셋 있었다. 부여 왕은 주몽이 보통 사람이 아니라는 것을 알아보고, 둘째 딸과 혼인시켜 사위로 맞았다.

未幾扶餘王薨 朱蒙嗣位 生二子 長曰沸流 次曰溫祚
미기부여왕훙 주몽사위 생이자 장왈비류 차왈온조

얼마 안 가 부여 왕이 죽자 주몽이 왕위를 물려받았다. 아들 둘을 낳았는데, 첫째는 비류, 둘째는 온조이다.

或云朱蒙到卒本 娶越郡女 生二子 及朱蒙在北扶餘所生子來爲太子
혹운주몽도졸본 취월군여 생이자 급주몽재북부여소생자래위태자

한편, 주몽이 졸본부여에 와서 이웃 마을 여자와 혼인하여 아들 둘을 낳았다고도 전한다. 그러나 주몽이 북부여에 있을 때 낳은 아들이 오자 그를 태자로 삼았다.

沸流溫祚恐爲太子所不容 遂與烏干馬黎等十臣南行 百姓從之者多
비류온조공위태자소불용 수여오간마려등십신남행 백성종지자다

비류와 온조는 태자에게 받아들여지지 못할 것을 두려워하여 마침내 오간, 마려 등 열 명의 신하들과 함께 남쪽으로 떠났다. 백성들이 많이 따랐다.

逐至漢山 登負兒嶽 望可居之地 沸流欲居於海濱

수지한산 등부아악 망가거지지 비류욕거어해빈

마침내 한산에 도착하여 높은 봉우리 부아악에 올라 살기 좋은 땅을
살펴보았다. 비류는 바닷가에서 살기를 원했다.

十臣諫曰 惟此河南之地 北帶漢水 東據高岳 南望沃澤 西阻大海

십신간왈 유차하남지지 북대한수 동거고악 남망옥택 서조대해

열 명의 신하들이 간하였다. "물이 흐르는 남쪽 땅을 보십시오. 강의
북쪽은 한강이 띠를 이루고, 동쪽에는 높은 산이 있으며, 남쪽은 비옥
한 땅이 있고, 서쪽으로는 큰 바다가 막아주고 있습니다."

其天險地利 難得之勢 作都於斯 不亦宜乎

기천험지리 난득지세 작도어사 불역의호

"산은 높고 평야는 넓어 하늘과 땅의 이로움이 가득한 지역입니다. 이
러한 지세는 얻기 힘듭니다. 도읍은 마땅히 이런 곳에 세워야 하지 않
겠습니까?"

沸流不聽 分其民 歸弥彌鄒忽以居之

비류불청 분기민 귀미미추홀이거지

비류는 신하들의 말을 듣지 않고, 백성을 나누어 멀리 미추홀에 가서
살았다.

溫祚都河南慰禮城 以十臣爲輔翼 國號十濟 是前漢成帝鴻嘉三年也
온조도하남위례성 이십신위보익 국호십제 시전한성제홍가삼년야

온조는 강의 남쪽 위례성에 도읍을 세웠다. 열 명의 신하들이 온조를
보좌하였다. 나라 이름을 십제라고 하였다. 전한 성제 홍가 3년, 서기
전 18년이었다.

沸流以彌鄒土濕水鹹 不得安居 歸見慰禮 都邑鼎定 人民安泰
비류이미추토습수함 부득안거 귀견위례 도읍정정 인민안태

비류는 미추홀 땅이 축축하고 물은 짜서 살기에 편하지 않았다. 위례
에 돌아와 보니, 온조가 세운 도읍은 세발솥처럼 안정적이고 백성들은
편안하고 태평하였다.

遂慙悔而死 其臣民皆歸於慰禮 後以來時 百姓樂從 改號百濟
수참회이사 기신민개귀어위례 후이래시 백성락종 개호백제

비류는 (바닷가 미추홀을 고집했던 것을) 부끄럽게 여기며 후회하다가 죽
었다. 그의 신하와 백성이 모두 위례로 돌아왔다. 온조는 그 후로 많은
백성들이 즐겁게 따른다고 나라 이름을 (십제에서) 백제로 고쳤다.

其世系 與高句麗同出扶餘 故以扶餘爲氏
기세계 여고구려동출부여 고이부여위씨

온조는 조상 대대로 고구려와 같은 부여 출신이라는 이유로 부여를
성씨로 삼았다.

一云 始祖沸流王 其父優台 北扶餘王解扶婁庶孫 母召西奴

일운 시조비류왕 기부우태 북부여왕해부루서손 모소서노

일설에 백제의 시조는 비류왕이며 그의 아버지는 우태라고 한다. 우
태는 북부여 해부루왕의 서손이다. 비류왕의 어머니는 소서노이다.

卒本人延陁勃之女 始歸于優台 生子二人 長曰沸流 次曰溫祚

졸본인연타발지녀 시귀우우태 생자이인 장왈비류 차왈온조

소서노는 졸본 사람 연타발의 딸인데 처음에 우태에게 시집가서 아
들 둘을 낳았다. 첫째가 비류이고 둘째가 온조이다.

優台死 寡居于卒本 後朱蒙不容於扶餘

우태사 과거우졸본 후주몽불용어부여

우태가 죽자 과부가 된 그녀는 졸본에서 살았다. (한편) 훗날 주몽은
부여에서 받아들여지지 않았다.

以前漢建昭二年春二月 南奔至卒本 立都 號高句麗 娶召西奴爲妃

이전한건소 이년춘이월 남분지졸본 입도 호고구려 취소서노위비

그래서 전한 건소 2년 봄, 즉 서기전 37년에 남쪽 졸본으로 달아나
도읍을 세우고 나라 이름을 고구려라고 하였다. 이때 졸본에 살고 있
던 소서노를 왕비로 맞이하였다.

其於開基創業 頗有內助 故朱蒙寵接之特厚 待沸流等如己子

기어개기창업 파유내조 고주몽총접지특후 대비류등여기자

나라를 열고 새로운 일을 많이 하는데 소서노는 아주 많은 내조를 하였다. 이에 주몽은 그녀를 특별히 총애하였고, 비류와 온조를 자기 아들처럼 대하였다.

及朱蒙在扶餘所生禮氏子孺留來 立之爲太子 以至嗣位焉
급 주 몽 재 부 여 소 생 예 씨 자 유 류 래　입 지 위 태 자　이 지 사 위 언

그러나 부여에서 혼인한 예씨부인과의 사이에서 낳은 아들 유류(유리)가 오자, 유류를 태자로 삼고 왕위를 물려주었다.

於是 沸流謂弟温祚曰
어 시　비 류 위 제 온 조 왈

이에 비류가 동생 온조에게 말하였다.

始大王避扶餘之難 逃歸至此 我母氏傾家財 助成邦業 其勤勞多矣
시 대 왕 피 부 여 지 난　도 귀 지 차　아 모 씨 경 가 재　조 성 방 업　기 근 로 다 의

"처음에 대왕께서 부여를 피해 이곳으로 도망 오셨을 때, 우리 어머니께서 집안의 재산을 모두 보태며 고구려를 일구는 데 온 힘을 쏟으셨다."

及大王猒世 國家屬於孺留 吾等徒在此 欝欝如尤贅
급 대 왕 염 세　국 가 속 어 유 류　오 등 도 재 차　울 울 여 우 췌

"이제 대왕이 돌아가시고 나라는 유류(유리)에게 속하여, 우리는 여기

서 마치 혹과 같은 군더더기 대우를 받고 있으니 가슴이 꽉 막혀 매우 답답하다."

不如奉母氏南遊卜地 別立國都
불여봉모씨남유복지 별립국도
"우리가 어머니를 모시고 남쪽으로 가서 살 만한 곳에 따로 나라를 세우는 것이 어떻겠느냐."

遂與弟率黨類 渡浿帶二水 至彌鄒忽以居之
수여제솔당류 도패대이수 지미추홀이거지
마침내 동생과 따르는 무리를 이끌고 패수와 대수, 두 강을 건너 미추홀에 이르러 도읍을 정하고 살았다.

北史及隋書皆云 東明之後 有仇台 篤於仁信 初立國于帶方故地
북사급수서개운 동명지후 유구태 독어인신 초립국우대방고지
『북사』와 『수서』에는 모두 말하길, "동명에게 구태(우태)라는 후손이 있는데, 그는 어질고 신의가 돈독하였다. 처음에 옛 대방의 땅에 나라를 세웠다.

漢遼東太守公孫度 以女妻之 遂爲東夷強國 未知孰是
한요동태수공손도 이여처지 수위동이강국 미지숙시
한나라 요동 태수 공손도가 자신의 딸을 구태의 아내로 주었다. 마침

내 구태(우태)는 동이 중에 강한 나라가 되었다"고 한다. 백제 시조에
대한 위와 같은 이야기 중 누구의 기록이 옳은지 알 수가 없다.(그래서
전해 오는 이야기 모두 옮긴다)

元年夏五月 立東明王廟
원년하오월 입동명왕묘
시조 온조왕은 즉위한 해, 서기전 18년 여름 5월 동명왕의 사당을 세
웠다.

二年 春正月 王謂羣臣曰
2년 춘정월 왕위군신왈
온조왕 2년, 서기전 17년 봄 정월에 왕이 신하들에게 말하였다.

靺鞨連我北境 其人勇而多詐 宜繕兵積穀 爲拒守之計
말갈연아북경 기인용이다사 의선병적곡 위거수지계
"말갈이 우리 북쪽 경계와 잇닿아 있는데, 그들은 사납고 용맹하며 많
이 속인다. 우리는 마땅히 병기를 잘 갖추고 곡식도 넉넉히 쌓아 두어
그들을 잘 방어해야 한다."

三月 王以族父乙音 有智識膽力 拜爲右輔 委以兵馬之事
삼월 왕이족부을음 유지식담력 배위우보 위이병마지사
3월 왕이 족부 을음이 지식과 담력이 있다며 우보로 임명하고 나라의

군대와 병사에 관한 모든 일을 맡겼다.

三年 秋九月 靺鞨侵北境 王帥勁兵 急擊大敗之 賊生還者十一二

3년 추구월 말갈침북경 왕솔경병 급격대패지 적생환자십일이

온조왕 3년, 서기전 16년 가을 9월 말갈이 북쪽 변경을 침입했다. 왕이 군센 병사들을 이끌고 날쌘 공격으로 적을 크게 무찔렀다. 적군은 살아 돌아간 자가 열 명 중에 한두 명뿐이었다.

冬十月 雷 桃李華

동시월 뢰 도리화

겨울 10월에 우레가 쳤다. 복숭아꽃과 자두꽃이 피었다.

四年 春夏旱 饑疫 秋八月 遣使樂浪修好

4년 춘하한 기역 추팔월 견사낙랑수호

온조왕 4년, 서기전 15년 봄과 여름이 가물었다. 기근과 전염병이 돌았다. 가을 8월에 낙랑에 사신을 보내 우호관계를 맺었다.

五年 冬十月 巡撫北邊 獵獲神鹿

5년 동시월 순무북변 렵획신록

온조왕 5년, 서기전 14년 겨울 10월 북쪽 변방 백성들을 찾아다니며 위로하였다. 사냥하다가 신기한 사슴을 잡았다.

六年 秋七月 辛未晦 日有食之

6년 추칠월 신미회 일유식지

온조왕 6년, 서기전 13년 가을 7월 신미 그믐에 일식이 있었다.

八年 春二月 靺鞨賊三千 來圍慰禮城 王閉城門不出

8년 춘이월 말갈적삼천 내위위례성 왕폐성문불출

온조왕 8년, 서기전 11년 봄 2월에 말갈 도적 무리 3천 명이 위례성을 포위하였다. 왕이 성문을 굳게 닫고 방어하면서 나가지 않았다.

經旬賊糧盡而歸 王簡銳卒 追及大斧峴 一戰克之 殺虜五百餘人

경순적량진이귀 왕간예졸 추급대부현 일전극지 살노오백여인

10일이 지나자 도적들은 식량이 떨어져 돌아갔다. 왕이 대범하게 날쌘 병사로 대부현까지 쫓아가서 일전을 벌여 승리하였다. 죽이거나 포로로 잡은 적이 5백여 명이었다.

秋七月 築馬首城 竪瓶山柵 樂浪太守使告曰

추칠월 축마수성 수병산책 낙랑태수사고왈

가을 7월 마수성을 쌓고 병산목책을 세웠다. 낙랑태수가 사신을 보내 말했다.

頃者 聘問結好 意同一家 今逼我疆 造立城柵 或者其有蠶食之謀乎

경자 빙문결호 의동일가 금핍아강 조립성책 혹자기유잠식지모호

"요사이 예를 갖추고 찾아와 사이좋은 조약을 맺어 서로 뜻이 같은 한집안으로 생각하였는데, 지금 우리 땅 가까이 성을 쌓고 목책을 세우니 이는 우리 땅을 점점 차지하려는 음모가 아닌가 하오."

若不渝舊好 隳城破柵 則無所猜疑 苟或不然 請一戰以決勝負
약불투구호 휴성파책 즉무소시의 구혹불연 청일전이결승부
"만약 옛 우호관계가 변하지 않길 바란다면, 성은 헐고 목책은 부수어 혐오스러움과 의심을 없애야 할 것이오. 그렇게 하지 않고 계속 의심을 불러일으킨다면 한번 싸워 승부를 결정하길 청할 뿐이오."

王報曰 設險守國 古今常道 豈敢以此 有渝於和好
왕보왈 설험수국 고금상도 기감이차 유투어화호
왕이 대답하였다. "험한 성이나 목책을 설치하여 나라를 지키는 것은 예나 지금이나 당연한 일이거늘 어찌 이러한 일로 우호관계가 변하겠소!"

宜若執事之所不疑也 若執事恃強出師 則小國亦有以待之耳
의약집사지소불의야 약집사시강출사 즉소국역유이대지이
"이것은 당연한 일이므로 집사(낙랑태수)가 의심할 필요가 없는 것이오. 만약 집사(낙랑태수)가 강함을 믿고 군사를 일으킨다면 소국(우리) 역시 그에 대응할 것이오."

由是與樂浪失和

유시여낙랑실화

이런 이유로 낙랑과의 우호관계를 잃었다.

十年 秋九月 王出獵 獲神鹿 以送馬韓

10년 추구월 왕출렵 획신록 이송마한

온조왕 10년, 서기전 9년 가을 9월 왕이 사냥 나갔다가 신기한 사슴을 잡았다. 이것을 마한에 보냈다.

冬十月 靺鞨寇北境 王遣兵二百 拒戰於昆彌川上

동시월 말갈구북경 왕견병이백 거전어곤미천상

겨울 10월에 말갈 도적이 북쪽 국경을 침입하였다. 왕이 병사 2백을 보내 곤미천 상류에서 대적하여 싸우게 하였다.

我軍敗績依靑木山自保 王親帥精騎一百 出烽峴救之 賊見之即退

아군패적의청목산자보 왕친솔정기일백 출봉현구지 적견지즉퇴

우리 군사가 패하여 청목산을 근거지로 하여 스스로 보호하고 있었다. 왕이 직접 뛰어난 기병 일백 명을 거느리고 봉현으로 구하러 나갔다. 적이 보더니 즉각 물러났다.

十一年 夏四月 樂浪使靺鞨襲破甁山柵 殺掠一百餘人

11년 하사월 낙랑사말갈습파병산책 살략일백여인

온조왕 11년, 서기전 8년 여름 4월 낙랑이 말갈을 시켜 병산목책을
공격하도록 부추겼다. 백여 명이 죽거나 약탈당했다.

秋七月 設禿山狗川兩柵 以塞樂浪之路
추칠월 설독산구천양책 이색낙랑지로
가을 7월에 독산과 구천 두 곳에 목책을 세워 낙랑으로 통하는 길을
막았다.

十三年 春二月 王都老嫗化爲男 五虎入城 王母薨 年六十一歲
13년 춘이월 왕도노구화위남 오호입성 왕모홍 연육십일세
온조왕 13년, 서기전 6년 봄 2월 왕도에서 노파가 남자로 변하는 일
이 있었다. 호랑이 다섯 마리가 성안으로 들어왔다. 왕의 어머니가 돌
아가셨다. 나이 61세였다.

夏五月 王謂臣下曰 國家東有樂浪 北有靺鞨 侵軼疆境 少有寧日
하오월 왕위신하왈 국가동유낙랑 북유말갈 침질강경 소유녕일
여름 5월 왕이 신하들에게 말했다. "나라 동쪽에 낙랑이 있고, 북쪽에
말갈이 있어 번갈아 가며 변경을 침입하니 편안한 날이 드물다."

況今妖祥屢見 國母弃養 勢不自安 必將遷國
황금요상누견 국모기양 세부자안 필장천국
"게다가 요즘 요상한 조심들이 자주 보이고, 어머니마저 돌아가시니

나라의 형세가 불안하다. 앞으로 반드시 도읍을 옮겨야겠다."

予昨出巡 觀漢水之南 土壤膏腴 宜都於彼 以圖久安之計
여작출순 관한수지남 토양고유 의도어피 이도구안지계
"내가 지난날 순례할 때 한강 남쪽에 갔는데, 그곳 토양이 비옥하였
다. 그곳을 도읍으로 정하여 오래도록 편안할 수 있는 계획을 세워야
겠다."

秋七月 就漢山下立柵 移慰禮城民戶 八月 遣使馬韓 告遷都
추칠월 취한산하입책 이위례성민호 팔월 견사마한 고천도
가을 7월 한산 아래에 목책을 세우고 위례성의 민가들을 이주시켰다.
8월에 사신을 마한에 보내 도읍을 옮긴다고 알렸다.

遂畫定疆場 北至浿河 南限熊川 西窮大海 東極走壤 九月 立城闕
수획정강역 북지패하 남한웅천 서궁대해 동극주양 구월 입성궐
마침내 나라의 강역을 정했다. 북쪽으로 패하에 닿고, 남쪽으로 웅천
이 끝이며 서쪽 끝에는 큰 바다, 동쪽 끝은 주양이다. 9월에 성을 쌓
고 궁궐을 지었다.

十四年 春正月 遷都 二月 王巡撫部落 務勸農事
14년 춘정월 천도 이월 왕순무부락 무권농사
온조왕 14년, 서기전 5년 봄 정월 도읍을 옮겼다. 2월에 왕이 마을을
돌며 백성들을 위로하고 농사에 힘쓸 것을 권장하였다.

秋七月 築城漢江西北 分漢城民

추칠월 축성한강서북 분한성민

가을 7월 한강 서북쪽에 성을 쌓고 한성 주민을 나누어 살게 하였다.

十五年 春正月 作新宮室 儉而不陋 華而不侈

15년 춘정월 작신궁실 검이불누 화이불치

온조왕 15년, 서기전 4년 봄 정월 새 궁전을 지었다. 궁궐은 검소하면서 누추하지 않았고, 화려하지만 사치스럽지 않았다.

十七年 春 樂浪來侵 焚慰禮城 夏四月 立廟以祀國母

17년 춘 낙랑래침 분위례성 하사월 입묘이사국모

온조왕 17년, 서기전 2년 봄 낙랑이 침범하여 위례성을 불태웠다. 여름 4월 사당을 세우고 국모의 제사를 지냈다.

十八年 冬十月 靺鞨掩至 王帥兵逆戰於七重河

18년 동시월 말갈엄지 왕솔병역전어칠중하

온조왕 18년, 서기전 1년 겨울 10월 말갈이 갑자기 습격해 왔다. 왕이 군사를 거느리고 칠중하에서 적들과 싸워 이겼다.

虜獲酋長素牟 送馬韓 其餘賊盡坑之

노획추장소모 송마한 기여적진갱지

추장 소모를 사로잡아 마한에 보내고, 그 나머지 도적들은 모두 구덩이에 묻었다.

十一月 王欲襲樂浪牛頭山城 至臼谷 遇大雪乃還
심일월 왕욕습낙랑우두산성 지구곡 우대설내환
11월에 왕이 낙랑 우두산성을 공격하려고 구곡까지 갔는데, 눈이 너무 많이 와서 이내 돌아왔다.

二十年 春二月 王設大壇 親祠天地 異鳥五來翔
20년 춘이월 왕설대단 친사천지 이조오래상
온조왕 20년, 2년 봄 2월 왕이 커다란 제단을 설치하여 몸소 천지신명에게 제사 지냈다. 이상한 새 다섯 마리가 와서 그 위를 빙빙 날았다.

二十二年 秋八月 築石頭高木二城
22 년 추팔월 축석두고목이성
온조왕 22년, 4년 가을 8월 석두와 고목 두 곳에 성을 쌓았다.

九月 王帥騎兵一千 獵斧峴東遇靺鞨賊 一戰破之 虜獲生口 分賜將士
구월 왕솔기병일천 렵부현동우말갈적 일전파지 노획생구 분사장사
9월 왕이 기병 1천 명을 거느리고 사냥 갔다가 부현 동쪽에서 우연히 말갈 도적들을 만났다. 한 번에 깨트렸다. 사로잡은 포로들을 장병들에게 나누어 주었다.

二十四年 秋七月 作熊川柵 馬韓王遣使責讓曰

24 년 추칠월 작웅천책 마한왕견사책양왈

온조왕 24년, 6년 가을 7월 웅천에 목책을 세웠다. 마한 왕이 그것을 보고 사신을 보내 꾸짖으며 말하였다.

王初渡河 無所容足 吾割東北一百里之地安之 其待王不爲不厚

왕초도하 무소용족 오할동북일백리지지안지 기대왕불위불후

"왕이 처음 강을 건너와 발붙일 곳 없을 때, 내가 우리 땅 동북쪽 1백 리(40km 정도)를 내주며 편안하게 살도록 해주었소. 그러므로 내가 왕을 후하게 대하지 않았다고 할 수 없을 것이오.

宜思有以報之 今以國完民聚 謂莫與我敵 大設城池 侵犯我封疆

의사유이보지 금이국완민취 위막여아적 대설성지 침범아봉강

왕은 마땅히 그것에 은혜를 갚아 보답할 일을 생각해야 할 터인데, 지금 나라가 완성되고 백성이 많이 모였다고 '나에게 상대할 적이 없다'며 크게 성을 쌓고 연못을 파서 우리 강토를 침범하고 있소.

其如義何 王慙 遂壞其柵

기여의하 왕참 수괴기책

이것이 과연 의로운 것이오!" 왕이 그 말을 듣고 부끄럽게 생각하여 마침내 목책을 허물었다.

二十五年 春二月 王宮井水暴溢 漢城人家馬生牛一首二身

25년 춘이월 왕궁정수폭일 한성인가마생우일수이신

온조왕 25년, 7년 봄 2월 왕궁의 우물이 급작스럽게 넘쳤다. 한성의
민가에서 말이 소를 낳았는데, 머리는 하나이고 몸은 둘이었다.

日者曰 井水暴溢者 大王勃興之兆也 牛一首二身者 大王并鄰國之應也

일자왈 정수폭일자 대왕발흥지조야 우일수이신자 대왕병린국지응야

점쟁이가 우물이 갑자기 거세게 넘친 것은 대왕이 크게 일어나실 징
조이며, 머리 하나에 몸이 둘인 소가 태어난 것은 대왕이 이웃 나라를
합치게 될 징조라고 말했다.

王聞之喜 遂有并呑辰馬之心

왕문지희 수유병탄진마지심

왕이 듣고 기뻐하면서 마침내 진한과 마한을 합치려는 생각을 하
였다.

二十六年 秋七月 王曰 馬韓漸弱 上下離心 其勢不能又

26년 추칠월 왕왈 마한점약 상하이심 기세불능우

온조왕 26년, 8년 가을 7월 왕이 말했다. "마한은 점점 약해지고 있
다. 임금과 신하의 생각이 제각각이니 나라의 힘이 오래가지 못할 것
이다.

儻爲他所幷　則脣亡齒寒　悔不可及　不如先人而取之　以免後艱

당위타소병　즉순망치한　회불가급　불여선인이취지　이면후간

만일 다른 나라가 (마한을) 병합한다면 우리에게는 입술이 없어 이가
시린 처지가 될 것이고 그때 후회한들 소용없는 것이다. 남보다 먼저
(마한을) 취하여 나중에 겪을 어려움을 없애는 것만 못하다."

冬十月　王出師　陽言田獵　潛襲馬韓

동시월　왕출사　양언전렵　잠습마한

겨울 10월에 왕이 출병하였다. 사냥하러 간다고 크게 소문낸 후 몰래
마한을 기습적으로 공격하였다.

遂幷其國邑　唯圓山錦峴二城　固守不下

수병기국읍　유원산금현이성　고수불하

마침내 그 나라 마을들을 병합하였다. 오직 원산과 금현 두 성은 굳게
수비하고 항복하지 않았다.

二十七年　夏四月　二城降　移其民於漢山之北　馬韓遂滅

27 년　하사월　이성항　이기민어한산지북　마한수멸

온조왕 27년, 9년 여름 4월 두 성이 항복하였다. 그 주민들을 한산의
북쪽으로 옮겼다. 마한이 마침내 없어졌다.

秋七月 築大豆山城

추칠월 축대두산성

가을 7월에 대두산성을 쌓았다.

二十八年 春二月 立元子多婁爲太子 委以内外兵事 夏四月 隕霜害麥

28 년 춘이월 입원자다루위태자 위이내외병사 하사월 운상해맥

온조왕 28년, 10년 봄 2월 맏아들 다루를 태자로 세웠다. 서울과 지방의 병권을 맡겼다. 여름 4월에 서리가 내려 보리농사에 피해를 입었다.

三十一年 春正月 分國内民戶爲南北部 夏四月雹 五月地震 六月又震

31 년 춘정월 분국내민호위남북부 하사월박 오월지진 유월우진

온조왕 31년, 13년 봄 정월 나라 안의 민가를 남부와 북부로 나누었다. 여름 4월에 우박이 내렸다. 5월에 지진이 났다. 6월에 또 지진이 났다.

三十三年 春夏大旱 民饑相食 盜賊大起 王撫安之 秋八月 加置東西二部

33 년 춘하대한 민기상식 도적대기 왕무안지 추팔월 가치동서이부

온조왕 33년, 15년 봄과 여름에 큰 가뭄이 있었다. 백성들이 기근으로 서로 잡아먹었다. 도적떼가 크게 일어났다. 왕이 백성을 위로하며 안정시켰다. 가을 8월 동부와 서부, 두 개의 부를 더 설치하였다.

三十四年 冬十月 馬韓舊將周勤 據牛谷城叛 王躬帥兵五千討之

34 년 동시월 마한구장주근 거우곡성반 왕궁솔병오천토지

온조왕 34년, 16년 겨울 10월에 마한의 옛 장수 주근이 우곡성을 거점으로 반란을 일으켰다. 왕이 직접 군사 5천 명을 이끌고 토벌하였다.

周勤自經 腰斬其尸 并誅其妻子

주근자경 요참기시 병주기처자

주근이 스스로 목매어 죽었다. 그 시체의 허리를 자르고 아울러 그 처자도 죽였다.

三十六年 秋七月 築湯井城 分大豆城民戶居之

36년 추칠월 축탕정성 분대두성민호거지

온조왕 36년, 18년 가을 7월 탕정성을 쌓았다. 대두성의 주민을 나누어 살게 하였다.

八月 修葺圓山錦峴二城 築古沙夫里城

팔월 수즙원산금현이성 축고사부리성

8월에 원산과 금현 두 성을 수리했다. 고사부리성을 쌓았다.

三十七年 春三月雹 大如雞子 鳥雀遇者死

37년 춘삼월박 대여계자 조작우자사

온조왕 37년, 19년 봄 3월에 우박이 내렸는데 달걀만 하였다. 참새 같은 새들은 맞아 죽기도 했다.

夏四月旱 至六月乃雨 漢水東北部落饑荒

하사월한 지유월내우 한수동북부락기황

여름 4월에 가뭄이 들었고 6월에야 비가 내렸다. 한강 동북쪽 마을에
기근이 들었다.

亡入高句麗者一千餘戶 浿帶之間 空無居人

망입고구려자일천여호 패대지간 공무거인

고구려로 도망간 백성들이 1천여 가구나 되었다. 패수와 대수 사이에
사는 사람이 없어 빈터가 되었다.

三十八年 春二月 王巡撫 東至走壤 北至浿河 五旬而返

38년 춘이월 왕순무 동지주양 북지패하 오순이반

온조왕 38년, 20년 봄 2월 왕이 마을 곳곳을 다니며 백성들을 위로하
였다. 동으로 주양까지, 북으로 패하까지 갔다. 백성들을 위로하며 다
닌 지 50일 만에 돌아왔다.

三月 發使勸農桑 其以不急之事擾民者 皆除之 冬十月 王築大壇 祠天地

삼월 발사권농상 기이불급지사요민자 개제지 동시월 왕축대단 사천지

3월에 사람을 보내 농사와 누에치기를 장려하였다. 급하지 않은 일로
백성을 부려 괴롭게 하는 모든 일을 없앴다. 겨울 10월에 왕이 큰 제
단을 쌓고 천지신명에게 제사를 지냈다.

四十年 秋九月 靺鞨來攻述川城 冬十一月 又襲斧峴城 殺掠百餘人

ㅿㅇ년 추구월 말갈래공술천성 동십일월 우습부현성 살략백여인

온조왕 40년, 22년 가을 9월 말갈이 술천성을 공격하였다. 겨울 11월에 말갈이 또 부현성을 습격하였다. 백여 명이 죽거나 노략질을 당했다.

王命勁騎二百 拒擊之

왕명경기이백 거격지

왕이 강하고 날쌘 기병 2백 명에게 공격하여 막으라고 명하였다.

四十一年 春正月 右輔乙音卒 拜北部解婁爲右輔

ㅿㅣ년 춘정월 우보을음졸 배북부해루위우보

온조왕 41년, 24년 봄 정월 우보 을음이 죽었다. 북부의 해루를 우보로 임명하였다.

解婁本扶餘人也 神識淵奧 年過七十 旅力不愆 故用之

해루본부여인야 신식연여 연과칠십 여력불건 고용지

해루는 원래 부여 사람이다. 그는 아는 것이 많고 식견이 깊었다. 70세가 넘었으나 허물이 없고 신체적으로도 건강하여 등용되었다.

二月 發漢水東北諸部落人 年十五歲以上 修營慰禮城

이월 발한수동북제부락인 연십오세이상 수영위례성

2월에 한강 동북쪽에 있는 모든 마을에서 15세 이상인 장정을 징발하여 위례성을 수리하였다.

四十三年 秋八月 王田牙山之原五日
43년 추팔월 왕전아산지원오일

온조왕 43년, 25년 가을 8월 왕이 아산의 들에서 5일 동안 사냥을 하였다.

九月 鴻鴈百餘集王宮 日者曰 鴻鴈民之象也 將有遠人來投者乎
구월 홍안백여집왕궁 일자왈 홍안민지상야 장유원인래투자호

9월에 기러기 떼 백여 마리가 왕궁에 모였다. 점쟁이가 기러기는 백성을 상징하는 것이라면서 장차 멀리서 사람들이 투항해 올 것이라고 하였다.

冬十月 南沃沮仇頗解等二十餘家 至斧壤納款 王納之 安置漢山之西
동시월 남옥저구파해등이십여가 지부양납관 왕납지 안치한산지서

겨울 10월에 남옥저 사람 구파해 등 20여 가구가 부양에 와서 귀순하기를 청했다. 왕이 받아들이고 한산 서쪽에서 살게 하였다.

四十五年 春夏大旱 草木焦枯 冬十月 地震 傾倒人屋
45년 춘하대한 초목초고 동시월 지진 경도인옥

온조왕 45년, 27년 봄과 여름에 큰 가뭄이 있었다. 풀과 나무가 타고

말랐다. 겨울 10월에 지진이 나서 민가의 집들이 기울고 넘어졌다.

四十六年 春二月 王薨

46년 춘이월 왕훙

온조왕 46년, 28년 봄 2월 왕이 돌아가셨다.

三國史記

進三國史表

臣富軾言 古之列國 亦各置史官 以記事 故孟子曰 晋之乘 楚之檮杌 魯之春秋 惟此海東三國 歷年長久 宜其事實著在方策 乃命老臣 俾之編集 自顧缺爾 不知所爲 伏惟聖上陛下 性唐堯之文思 體夏禹之勤儉 宵旰餘閒 博覽前古 以謂今之學士大夫 其於五經諸子之書 秦漢歷代之史 或有淹通而詳說之者 至於吾邦之事 却茫然不知其始末 甚可歎也 況惟新羅氏 高句麗氏百濟氏 開基鼎峙 能以禮通於中國 故范曄漢書 宋祁唐書 皆有列傳 而詳內畧外 不以具載 又其古記 文字蕪拙 事跡闕亡 是以君后之善惡 臣子之忠邪 邦業之安危 人民之理亂 皆不得發露以垂勸戒 宜得三長之才 克成一家之史 貽之萬世 炳若日星 如臣者 本非長才 又無奧識 泊至遲暮 日益昏蒙 讀書雖勤 掩卷卽忘 操筆無力 臨紙難下 臣之學術 蹇淺如此 而前言往事 幽眜如彼 是故疲精竭力 僅得成編 訖無可觀 秪自愧耳 伏望聖上陛下 諒狂簡之裁 赦妄作之罪 雖不足藏之名山 庶無使漫之醬瓿 區區妄意 天日照臨 謹撰述 本紀二十八卷年表三卷志九卷列傳十卷 隨表以聞上塵天覽

三國史記 卷 第一

新羅本紀 第一

始祖赫居世居西干

始祖姓朴氏 諱赫居世 前漢孝宣帝五鳳元年甲子 四月丙辰 一曰正月十五
日 即位 號居西干 時年十三 国號徐那伐 先是 朝鮮遺民分居山谷之間
爲六村 一曰閼川楊山村 二曰突山高墟村 三曰觜山珍支村 或云干珍村
四曰茂山大樹村 五曰金山加利村 六曰明活山高耶村 是爲辰韓六部 高墟
村長蘇伐公 望楊山麓 蘿井傍林間 有馬跪而嘶 則徃觀之 忽不見馬 只有
大卵 剖之 有嬰兒出焉 則收而養之 及年十餘歲 岐嶷然夙成 六部人以其
生神異 推尊之 至是立爲君焉 辰人謂瓠爲朴 以初大卵如瓠 故以朴爲姓
居西干辰言王 或云呼貴人之稱 四年 夏四月辛丑朔 日有食之 五年 春正
月 龍見於閼英井 右脇誕生女兒 老嫗見而異之 收養之 以井名名之 及長
有德容 始祖聞之 納以爲妃 有賢行 能内輔 時人謂之二聖 八年 倭人行
兵 欲犯邊 聞始祖有神德 乃還 九年 春三月 有星孛于王良 十四年 夏四
月 有星孛于叅 十七年 王巡撫六部 妃閼英從焉 勸督農桑 以盡地利 十
九年 春正月 卞韓以國來降 二十一年 築京城 號曰金城 是歲 高句麗始
祖東明立 二十四年 夏六月壬申晦 日有食之 二十六年 春正月 營宮室於
金城 三十年 夏四月己亥晦 日有食之 樂浪人將兵來侵 見邊人夜户不扃
露積被野 相謂曰 此方民不相盗 可謂有道之國 吾儕潜師而襲之 無異於
盗 得不愧乎 乃引還 三十二年 秋八月乙卯晦 日有食之 三十八年 春二
月 遣瓠公聘於馬韓 馬韓王讓瓠公曰 辰卞二韓 爲我屬国 比年不輸職貢

事大之禮 其若是乎 對曰 我國自二聖肇興 人事修 天時和 倉庫充實 人民敬讓 自辰韓遺民 以至卞韓樂浪倭人 無不畏懷 而吾王謙虛 遣下臣修聘 可謂過於禮矣 而大王赫怒 劫之以兵 是何意耶 王慍欲殺之 左右諫止 乃許歸 前此 中國之人 苦秦亂 東來者衆 多處馬韓東 與辰韓雜居 至是寝盛 故馬韓忌之 有責焉 瓠公者 未詳其族姓 本倭人 初以瓠繫腰 度海而來 故稱瓠公 三十九年 馬韓王薨 或說上曰 西韓王前辱我使 今當其喪 征之 其国不足平也 上曰 幸人之災 不仁也 不從 乃遣使弔慰 四十年 百濟始祖温祚立 四十三年 春二月乙酉晦 日有食之 五十三年 東沃沮使者來 獻良馬二十匹曰 寡君問 南韓有聖人出 故遣臣來享 五十四年 春二月己酉 星孛于河皷 五十六年 春正月辛丑朔 日有食之 五十九年 秋九月戊申晦 日有食之 六十年 秋九月 二龍見於金城井中 暴雷雨 震城南門 六十一年 春三月 居西干升遐 葬蛇陵 在曇巖寺北

三國史記 卷 第十三
高句麗本紀 第一
始祖東明聖王

始祖東明聖王 姓高氏 諱朱蒙 一云鄒牟 一云衆解 先是 扶餘王 解夫婁 老無子 祭山川求嗣 其所御馬至鯤淵 見大石 相對流 王怪之 使人轉其石 有小兒 金色蛙形 蛙 一作蝸 王喜曰 此乃天賚我令胤乎 乃收而養之 名曰金蛙 及其長 立爲太子 後 其相阿蘭弗曰 日者 天降我曰 將使吾子孫立國於此 汝

其避之 東海之濱有地 號曰迦葉原 土壤膏腴宜五穀 可都也 阿蘭弗遂勸王
移都於彼 國號東扶餘 其舊都有人 不知所從來 自稱天帝子解慕漱 來都焉
及解夫婁薨 金蛙嗣位 於是時 得女子於太白山南優渤水 問之 曰 我是河伯
之女 名柳花 與諸弟出遊 時有一男子 自言天帝子解慕漱 誘我於熊神山下
鴨綠邊室中 私之 即往不返 父母責我無媒而從人 遂謫居優渤水 金蛙異之
幽閉於室中 爲日所炤引身避之 日影又逐而炤之 因而有孕 生一卵 大如五
升許 王棄之 與犬豕 皆不食 又棄之路中 牛馬避之 後棄之野 鳥覆翼之　王
欲剖之 不能破 遂還其母 其母以物裹之 置於暖處 有一男兒 破殼而出 骨表
英奇 年甫七歲 嶷然異常 自作弓矢 射之 百發百中 扶餘俗語 善射爲朱蒙
故以名云 金蛙有七子 常與朱蒙遊戲 其伎能皆不及朱蒙 其長子帶素言於
王曰 朱蒙非人所生 其爲人也勇 若不早圖 恐有後患 請除之 王不聽 使之養
馬 朱蒙知其駿者 而減食令瘦 駑者 善養令肥 王以肥者自乘 瘦者給朱蒙 後
獵于野 以朱蒙善射 與其矢小而朱蒙殪獸甚多 王子及諸臣又謀殺之 朱蒙
母陰知之 告曰 國人將害汝以汝才略 何往而不可 與其遲留而受辱不若遠
適以有爲　朱蒙乃與烏伊 摩離 陜父等三人爲友 行至淹㴲水　*一名蓋斯水*
在今鴨綠東北　欲渡無梁 恐爲追兵所迫 告水曰 我是天帝子 河伯外孫 今
日逃走 追者垂及如何 於是 魚鼈浮出成橋 朱蒙得渡 魚鼈乃解 追騎不得渡
朱蒙行至毛屯谷 *魏書云 至普述水*　遇三人 其一人着麻衣 一人着衲衣 一
人着水藻衣 朱蒙問曰 子等何許人也 何姓何名乎 麻衣者曰 名再思 衲衣者
曰 名武骨 水藻衣者曰 名黙居 而不言姓 朱蒙賜再思姓克氏 武骨仲室氏 黙
居少室氏 乃告於衆曰 我方承景命 欲啓元基 而適遇此三賢 豈非天賜乎 遂
揆其能 各任以事 與之俱至卒本川 *魏書云至紇升骨城*　觀其土壤肥美 山

河險固 逐欲都焉 而未遑作宮室 但結廬於沸流水上 居之 國號高句麗 因以
高爲氏　　一云 *朱蒙至卒本扶餘 王無子 見朱蒙知非常人 以其女妻之 王薨
朱蒙嗣位*　時 朱蒙年二十二歲 是漢孝元帝建昭二年 新羅始祖赫居世二十
一年甲申歲也 四方聞之 來附者衆 其地連靺鞨部落 恐侵盜爲害 逐攘斥之
靺鞨畏服 不敢犯焉 王見沸流水中 有菜葉逐流下 知有人在上流者 因以獵
往尋 至沸流國 其國王松讓出見曰寡人僻在海隅 未嘗得見君子 今日邂逅
相遇 不亦幸乎 然不識吾子自何而來 答曰 我是天帝子 來都於某所 松讓曰
我累世爲王 地小不足容兩主 君立都日淺 爲我附庸可乎 王忿其言 因與之
鬪辯 亦相射以校藝 松讓不能抗　二年 夏六月 松讓以國來降 以其地爲多勿
都 封松讓爲主 麗語謂復舊土爲 多勿故以名焉　三年 春三月 黃龍見於鶻嶺
秋七月 慶雲見鶻嶺南 其色靑赤　　四年 夏四月 雲霧四起 人不辨色七日 秋
七月 營作城郭宮室　六年 秋八月 神雀集宮庭 冬十月 王命烏伊 扶芬奴 伐
太白山東南荇人國 取其地 爲城邑　　十年 秋九 鸞集於王臺 冬十一月 王命
扶尉猒 伐北沃沮 滅之 以其地爲城邑　十四年秋八月 王母柳花薨於東扶餘
其王金蛙以太后禮 葬之 逐立神廟 冬十月 遣使扶餘饋方物 以報其德十九
年 夏四月 王子類利自扶餘與其母逃歸 王喜之 立爲太子 秋九月 王升遐 時
年四十歲 葬龍山 號東明聖王

三國史記　卷 第二十三
百濟本紀　第一
始祖温祚王

百濟始祖温祚王 其父鄒牟 或云朱蒙 自北扶餘逃難 至卒本扶餘 扶餘王
無子 只有三女子 見朱蒙知非常人 以弟二女妻之 未幾扶餘王薨 朱蒙嗣
位 生二子 長曰沸流 次曰温祚 *或云朱蒙到卒本 娶越郡女 生二子* 及朱
蒙在北扶餘所生子來爲太子 沸流温祚恐爲太子所不容 遂與烏干馬黎等十
臣南行 百姓從之者多 遂至漢山 登負兒嶽 望可居之地 沸流欲居於海濱
十臣諫曰 惟此河南之地 北帶漢水 東據高岳 南望沃澤 西阻大海 其天險
地利 難得之勢 作都於斯 不亦宜乎 沸流不聽 分其民 歸弥 彌鄒忽以居
之 温祚都河南慰禮城 以十臣爲輔翼 國號十濟 是前漢成帝鴻嘉三年也
沸流以彌鄒土濕水鹹 不得安居 歸見慰禮 都邑鼎定 人民安泰 遂慙悔而
死 其臣民皆歸於慰禮 後以來時 百姓樂從 改號百濟 其世系 與高句麗同
出扶餘 故以扶餘爲氏 *一云 始祖沸流王 其父優台 北扶餘王觧扶婁庶孫*
母召西奴 卒本人延陁勃之女 始歸于優台 生子二人 長曰沸流 次曰温祚
優台死 寡居于卒本 後朱蒙不容於扶餘 以前漢建昭二年春二月 南奔至卒
本 立都 號高句麗 娶召西奴爲妃 其於問 基創業 頗有内助 故朱蒙寵接
之特厚 待沸流等如己子 及朱蒙在扶餘所生禮氏子孺留來 立之爲太子 以
至嗣位焉 於是 沸流謂弟温祚曰 始大王避扶餘之難 逃歸至此 我母氏傾
家財 助成邦業 其勤勞多矣 及大王猒世 國家屬於孺留 吾等徒在此 欝欝
如疣贅 不如奉母氏南遊卜地 別立國都 遂與弟率黨類 渡浿帶二水 至彌
鄒忽以居之 北史及隋書皆云 東明之後有仇台 篤於仁信 初立國于帶方故
地 漢遼東太守公孫度 以女妻之 遂爲東夷強國 未知孰是 元年夏五月 立
東明王廟 二年 春正月 王謂羣臣曰 靺鞨連我北境 其人勇而多詐 宜繕
兵積穀 爲拒守之計 三月 王以族父乙音 有智識膽力 拜爲右輔 委以兵馬

之事 三年 秋九月 靺鞨侵北境 王帥勁兵 急擊大敗之 賊生還者十一二 冬十月 雷 桃李華 四年 春夏旱 饑疫 秋八月 遣使樂浪修好 五年 冬十月 巡撫北邊 獵獲神鹿 六年 秋七月辛未晦 日有食之 八年 春二月 靺鞨賊三千 來圍慰禮城 王閉城門不出 經旬賊糧盡而歸 王簡銳卒 追及大斧峴 一戰克之 殺虜五百餘人 秋七月 築馬首城 竪瓶山柵 樂浪太守使告曰 頃者 聘問結好 意同一家 今逼我疆 造立城柵 或者其有蠶食之謀乎 若不渝舊好 墮城破柵 則無所猜疑 苟或不然 請一戰以決勝負 王報曰 設險守國 古今常道 豈敢以此 有渝於和好 宜若執事之所不疑也 若執事恃強出師 則小國亦有以待之耳 由是與樂浪失和 十年 秋九月 王出獵 獲神鹿 以送馬韓 冬十月 靺鞨寇北境 王遣兵二百 拒戰於昆彌川上 我軍敗績 依青木山自保 王親帥精騎一百 出烽峴救之 賊見之即退 十一年 夏四月 樂浪使靺鞨襲破瓶山柵 殺掠一百餘人 秋七月 設禿山狗川兩柵 以塞樂浪之路 十三年 春二月 王都老嫗化爲男 五虎入城 王母薨 年六十一歲 夏五月 王謂臣下曰 國家東有樂浪 北有靺鞨 侵軼疆境 少有寧日 況今妖祥屢見 國母弃養 勢不自安 必將遷國 予昨出巡 觀漢水之南 土壤膏腴 宜都於彼 以圖久安之計 秋七月 就漢山下立 移慰禮城民戶 八月 遣使馬韓告遷都 遂畫定疆場 北至浿河 南限熊川 西窮大海 東極走壤 九月 立城闕 十四年 春正月 遷都 二月 王巡撫部落 務勸農事 秋七月 築城漢江西北 分漢城民 十五年 春正月 作新宮室 儉而不陋 華而不侈 十七年 春 樂浪來侵 焚慰禮城 夏四月 立廟以祀國母 十八年 冬十月 靺鞨掩至 王帥兵逆戰於七重河 虜獲酋長素牟 送馬韓 其餘賊盡坑之 十一月 王欲襲樂浪牛頭山城 至臼谷 遇大雪乃還 二十年 春二月 王設大壇 親祠 天地

異鳥五來翔 二十二年 秋八月 築石頭·高木二城 九月 王帥騎兵一千 獵
斧峴東 遇靺鞨賊 一戰破之 虜獲生口 分賜將士 二十四年 秋七月 王作
熊川柵 馬韓王遣使責讓曰 王初渡河 無所容足 吾割東北一百里之地安之
其待王不爲不厚 宜思有以報之 今以國完民聚 謂莫與我敵 大設城池 侵
犯我封疆 其如義何 王慙 遂壞其柵 二十五年 春二月 王宮井水暴溢 漢
城人家馬 生牛一首二身 日者曰 井水暴溢者 大王勃興之兆也 牛一首二
身者 大王并鄰國之應也 王聞之喜 遂有并吞辰馬之心 二十六年 秋七月
王曰 馬韓漸弱 上下離心 其勢不能又 儻爲他所并 則脣亡齒寒 悔不可及
不如先人而取之 以免後艱 冬十月 王出師 陽言田獵 潛襲馬韓 遂并其國
邑 唯圓山錦峴二城 固守不下 二十七年 夏四月 二城降 移其民於漢山之
北 馬韓遂滅 秋七月 築大豆山城 二十八年 春二月 立元子多婁爲太子
委以内外兵事 夏四月 隕霜害麥 三十一年 春正月 分國内民戶爲南北部
夏四月 雹 五月 地震 六月 又震 三十三年 春夏大旱 民饑相食 盜賊大
起 王撫安之 秋八月 加置東西二部 三十四年 冬十月 馬韓舊將周勤 據
牛谷城叛 王躬帥兵五千討之 周勤自經 腰斬其尸 并誅其妻子 三十六年
秋七月 築湯井城 分大豆城民戶居之 八月 修葺圓山錦峴二城 築古沙夫
里城 三十七年 春三月 雹 大如雞子 鳥雀遇者死 夏四月 旱 至六月乃雨
漢水東北部落饑荒 亡入高句麗者一千餘戶 浿帶之間 空無居人 三十八年
春二月 王巡撫 東至走壤 北至浿河 五旬而返 三月 發使勸農桑 其以不
急之事擾民者 皆除之 冬十月 王築大壇 祠天地 四十年 秋九月 靺鞨來
攻述川城 冬十一月 又襲斧峴城 殺掠百餘人 王命勁騎二百 拒擊之 四十
一年 春正月 右輔乙音卒 拜北部解婁爲右輔 解婁本扶餘人也 神識淵奧

年過七十 旅力不愆 故用之 二月 發漢水東北諸部落人年十五歲以上 修
營慰禮城 四十三年 秋八月 王田牙山之原五日 九月 鴻鴈百餘集王宮 日
者曰 鴻鴈民之象也 將有遠人來投者乎 冬十月 南沃沮仇頗解等二十餘家
至斧壤納欵 王納之 安置漢山之西 四十五年 春夏大旱 草木焦枯 冬十月
地震 傾倒人屋 四十六年 春二月 王薨

끝내는 말

『삼국유사』와 『제왕운기』 그리고 『삼국사기』의 내용을 바탕으로 단군과 고조선에 대해 살펴보았다. 곰이 여자가 되어 단군을 낳았다는 이야기는 일연의 『삼국유사』가 알려주었고, 단군이 고조선을 세운 때가 서기전 2333년이었다는 사실은 『제왕운기』를 근거로 한 것이다. 『삼국유사』와 『제왕운기』는 한민족 정통성의 기원을 삼국시대보다 앞선 단군조선에서 찾았고, 그 후손으로 삼국을 이해하였다. 『삼국사기』에는 고조선에 대한 구체적인 내용 없이 '조선'과 '선인仙人'이라는 단어만 보이지만, 고구려·백제·신라가 모두 우리 민족이라는 점을 분명히 하고 있다.

단군과 고조선에 대해 현존하는 고대 사료는 『삼국유사』와 『제왕운기』가 전부라고 할 정도로 기록 자체가 절대적으로 부족하다. 여기에 옛 고조선 중심지였던 평양과 요동 지역은 현재 북한과 중국에 위치하고 있기 때문에 학술적 연구와 고고학적 탐사가 어려워 명확히 밝혀진 사실도 많지 않다. 이런 현실 속에서 주변국들이 우리 고대사를 심하게 왜곡하고 훼손하는 일이 끊임없이 일어나고 있다. 일본은 8세기 무렵에 나온 『일본서기』와 『고사기』의 신화적 기록을 앞세워 한때 한반도의 남부 지역인 신라와 가야를 지배했었다고 주장하고 있다. 중국은 고구려와 발해가 지배했던 중심 지역이 현재 중국 땅 길림성과 요령성인 것 등등을 이유로 중국이 지배하던 나라라고 억지를 부리며 고구려사와 발해사를 중국 역사에 편입시키는 '동북공정'을 추진하고 있다.

비록 자료가 충분하지 않지만 고조선이 우리 역사의 뿌리라고 하는 점은 결코 부인할 수 없다. 고조선이 한민족의 정신적 고향이라는 역사 인식은 삼국시대와 고려를 거쳐 조선으로 꾸준히 이어졌다. 특히 이성계는 역사·문화적 전통과 정통성이 고조선에서 비롯되었음을 분명히 하고자 나라 이름을 '조선'이라고 불렀다. 이러한 역사 인식을 바탕으로 조선에서는 단군을 민족의 시조, 동방의 성인으로 숭배하였다. 그에 따라 해마다 단군릉을 관리하고 단군의 위패를 모신 숭령전崇靈殿(현재 북한 평양에 여전히 있으며 북한문화재로 보존 중이다. 고려시대에는 성제사聖帝祠, 조선 초에 단군묘檀君廟, 영조 때에 숭령전으로 이름을 바꾸었다)에서 제사를 올렸다. 이렇듯 단군과 고조선은 단순한 역사적 인물과 한 시대만을 뜻하지 않는다. 반만년 역사를 이어 온 문화민족으로서 자부심과 긍지를 살아 있게 하는 정신적 심장이자 핏줄이라는 점, 그것이 단군과 고조선이 우리에게 주는 진정한 의미다. 바로 이런 역사의식이 고려시대를 넘어 조선시대로 이어졌으며 오늘날 개천절로 계승되고 있는 것이다.

따라서 여러 어려움이 있다고 하여 손을 놓고만 있을 수는 없다. 남아 있는 기록이 적다고 사실 자체가 사라지는 것은 아니다. 오늘날까지 단편적으로 전해 오는 기록만이라도 정확하게 정리하고 종합해서 살펴본다면 진실된 역사에 한 발 더 다가갈 수 있을 것이다. 단 한 조각의 남은 기록이라도 소홀히 하지 말고 보고 또 살펴봐야 할 것이다. 그래서 그동안 어려운 한문으로 기록되어 있어 가까이하지 못했던 사료들을 누구나 쉽게 읽어볼 수 있도록 한글로 종합·정리해 보았다. 관심은 있지만 한문 기록을 마주하기가 힘들었던 분들에게 작은 도움이 되었으면 한다. 많은 점에서 미숙하고 오류도 여럿 있을 것이다. 부족하지만 이를 계기로 앞으로 많은 분들이 관심을 갖게 되고, 보다 깊고 폭넓은 연구가 이루어져 우리 고대역사의 많은 부분이 밝혀지기를 기대해 본다.

김호숙

독일 Friedrich-Alexander-Universität Erlangen-Nürnberg 철학박사 수료(역사교육/박물관교육)
중고등학교 역사교사 및 대학 강의교수
『역사고전으로 만나는 주몽, 동명왕』(공저), 『처음으로 만나는 한국문화』(공저)

마석한

독일 Friedrich-Alexander-Universität Erlangen-Nürnberg 철학박사(역사학/교육학)
서정대학교 유아교육과 교수
『역사고전으로 만나는 주몽, 동명왕』(공저), 『처음으로 만나는 한국문화』(공저), 『나의 역사인문학』, 『걸어온 역사 나아갈 역사』, 『생각하고 쓰고 다듬는 글쓰기』, 『어떤 부모가 되어야 하는가』(공저), 『인문학카페』(공저)

단군과 고조선

초판인쇄 2021년 12월 3일
초판발행 2021년 12월 3일

지은이 김호숙·마석한
펴낸이 채종준
펴낸곳 한국학술정보㈜
주소 경기도 파주시 회동길 230(문발동)
전화 031) 908-3181(대표)
팩스 031) 908-3189
홈페이지 http://ebook.kstudy.com
전자우편 출판사업부 publish@kstudy.com
등록 제일산-115호(2000. 6. 19)

ISBN 979-11-6801-201-1 93910